WAS IST DIGITALES MARKETING IM JAHR 2024?

Erfinden Sie Ihre Marketingstrategie mit den neuesten Trends und Technologien neu

WAS IST DIGITALES MARKETING IM JAHR 2024?

Erfinden Sie Ihre Marketingstrategie mit den neuesten Trends und Technologien neu

Vincent Lefebvre

An meinen Sohn Auguste

INHALT

Titelseite

Titelseite

Impressum

Widmung

Vorwort   1

Einführung   3

Kapitel 1: Die Grundlagen des digitalen   10
Marketings

Kapitel 2: Content-Strategien   39

Kapitel 3: Neue Technologien und digitales   71
Marketing

Kapitel 4: Analyse und Datenwissenschaft   102

Abschluss   134

Anhänge   142

Danke   291

VORWORT

Von Jean Darmanin, Experte für digitales Marketing und technologische Innovation

In einer Welt, in der der Wandel die einzige Konstante ist, entwickelt sich das digitale Marketing weiterhin rasant weiter, geprägt von technologischen Fortschritten und gesellschaftlichen Veränderungen. Als Experte in diesem dynamischen Bereich hatte ich das Privileg, diese Entwicklungen mitzuerleben und daran teilzuhaben und zu beobachten, wie sie die Art und Weise, wie Marken mit ihrem Publikum interagieren, neu definieren.

Das Buch, das Sie in Ihren Händen halten, ist eine tiefgehende und aufschlussreiche Erkundung dieser sich ständig verändernden Landschaft. Vincent Lefebvre führt uns mit bemerkenswertem Fachwissen und Weitblick durch die wichtigsten digitalen Marketingtrends des Jahres 2024 und stellt die Strategien, Tools und Techniken vor, die die Zukunft dieser Branche prägen.

Von Predictive Analytics über künstliche Intelligenz bis hin zu Augmented Reality und Blockchain beschreibt dieses Buch nicht nur die

Technologien; Es untersucht ihre praktischen Auswirkungen auf das Marketing und wie sie genutzt werden können, um reichhaltigere, personalisiertere Kundenerlebnisse zu schaffen. Vincent Lefebvre bietet uns nicht nur eine Vision davon, wie digitales Marketing in naher Zukunft aussehen wird, sondern auch praktische Ratschläge und Fallstudien, um zu veranschaulichen, wie diese Konzepte in der realen Welt zum Leben erweckt werden.

Dieses Buch ist eine unverzichtbare Lektüre für Marketingfachleute, Unternehmer, Studenten und alle, die sich für die faszinierende Schnittstelle zwischen Technologie und Marketing interessieren. Als Leser werden Sie nicht nur in der Lage sein, aktuelle Trends zu verstehen, sondern auch zukünftige Veränderungen zu antizipieren und sich so an der Spitze der Innovationen im digitalen Marketing zu positionieren.

Bereiten Sie sich darauf vor, auf eine Reise durch die sich entwickelnde digitale Marketinglandschaft einzutauchen, wo Innovation, Kreativität und Strategie aufeinander treffen, um die Zukunft unserer Vernetzung, Kommunikation und Konvertierung in der digitalen Welt zu gestalten.

EINFÜHRUNG

„Das größte Risiko besteht darin, kein Risiko einzugehen."
Mark Zuckerberg

1.1. Definition und Geltungsbereich

Stellen Sie sich eine Welt vor, in der jede Interaktion, jeder Klick, jedes Teilen im Internet eine Geschichte formt, eine Geschichte, die über Sie, über mich, über uns alle spricht. Hier wird digitales Marketing zum Leben erweckt. Doch was ist digitales Marketing im Jahr 2024 wirklich? Es geht nicht nur um Anzeigen oder Social-Media-Beiträge. Es ist ein komplexes, mit Finesse verwobenes Netz, das Technologien, Strategien und menschliche Geschichten miteinander verbindet.

Beim digitalen Marketing handelt es sich im Wesentlichen um den fortlaufenden Dialog zwischen Marken und Verbrauchern, der über eine Vielzahl digitaler Kanäle ermöglicht wird. Es umfasst alles von SEO, das Menschen hilft, Antworten auf ihre Fragen auf Google zu finden, bis hin zu Facebook-Anzeigen, die Ihre Bedürfnisse zu kennen scheinen, bevor Sie es überhaupt tun. Im Jahr 2024 wurde diese Definition erweitert und umfasst fortschrittliche Technologien wie künstliche Intelligenz, Augmented Reality und mehr.

Aber warum ist es Ihnen wichtig? Denn egal, ob Sie Unternehmer, Student, Künstler oder einfach nur neugierig auf digitale Technologie sind, das Verständnis von digitalem Marketing ist wie der Besitz des Schlüssels zu einem riesigen und sich ständig weiterentwickelnden Königreich. Es geht darum zu verstehen, wie Botschaften zielgerichtet vermittelt werden, wie Marken mit ihren Zielgruppen in Kontakt treten und wie diese Interaktionen letztendlich unsere Gesellschaft prägen.

Auf dieser Reise durch das digitale Marketing im Jahr 2024 entdecken Sie nicht nur seine Bestandteile, sondern auch seine Wirkung und Reichweite. Sie werden sehen, wie es Kaufentscheidungen beeinflusst, Meinungen formt und Communities aufbaut. Und vor allem lernen Sie, wie es ethisch und effektiv eingesetzt werden kann, um eine bessere, vernetztere und bewusstere Welt zu schaffen.

Also, begeben Sie sich auf dieses Abenteuer. Entdecken Sie, wie sich digitales Marketing entwickelt hat, wie es heute funktioniert und vor allem, wie es unsere Zukunft prägen wird.

1.2. Historische Entwicklung

Um die digitale Marketinglandschaft im Jahr 2024 vollständig zu verstehen, ist es wichtig, einen Blick zurück zu werfen und zu verstehen, woher wir kommen. Digitales Marketing, wie wir es heute kennen, ist das Ergebnis einer faszinierenden Entwicklung, eines Tanzes zwischen Technologie und menschlichen Bedürfnissen, zwischen Innovation und Kreativität.

Gehen wir zurück in die 1990er Jahre, den Beginn des digitalen Zeitalters. Es war die Zeit, als das Internet seine ersten Schritte in den Haushalten machte. Websites waren einfach, oft nur Text auf einem einfachen Hintergrund. Digitales Marketing war damals noch rudimentär – man denke an Bannerwerbung, die ersten Marketing-E-Mails. Es war neu, aufregend, aber immer noch sehr einfach.

Dann kam das neue Jahrtausend und mit ihm eine Revolution. Suchmaschinen wie Google haben begonnen, das Web zu prägen. SEO war geboren und veränderte die Art und Weise, wie Inhalte gefunden und konsumiert werden. Unternehmen begannen zu verstehen, wie wichtig es ist, online sichtbar zu sein, und digitales Marketing bekam eine neue Dimension.

Die 2010er Jahre markierten den kometenhaften

Aufstieg sozialer Netzwerke. Facebook, Twitter, Instagram und später TikTok haben die Kommunikation neu definiert. Digitales Marketing ist persönlicher und direkter geworden. Marken sprechen nicht mehr „zu" ihrem Publikum, sondern „mit" ihnen. Es war die Ära des Engagements, der Inhaltserstellung und des Geschichtenerzählens.

Und jetzt, im Jahr 2024, befinden wir uns im Zeitalter der Hyperpersonalisierung und technologischen Integration. Künstliche Intelligenz und Datenwissenschaft haben digitales Marketing in ein maßgeschneidertes Erlebnis verwandelt. Jede Online-Interaktion wird analysiert, alle Daten werden verwendet, um relevantere und effektivere Kampagnen zu erstellen. Augmented Reality und Virtual Reality haben neue Grenzen eröffnet und immersive und interaktive Erlebnisse ermöglicht.

Diese Entwicklung ist nicht nur technologisch. Es spiegelt eine Veränderung unserer Art zu kommunizieren, zu konsumieren und zu leben wider. Digitales Marketing im Jahr 2024 besteht nicht nur aus einer Reihe von Tools und Techniken. Es ist ein Spiegel unserer Gesellschaft, unserer Werte, unserer Bestrebungen.

Wenn Sie diese Geschichte verstehen, werden Sie eine einfache Online-Anzeige nie wieder auf die gleiche Weise sehen. Sie werden ein Kapitel einer sich ständig verändernden Geschichte sehen, eine Geschichte, in der Sie sowohl Zuschauer als auch

Schauspieler sind.

1.3. Bedeutung in der modernen Welt

In der schnelllebigen Welt des Jahres 2024 ist digitales Marketing nicht nur ein Aspekt des Handels oder der Kommunikation, sondern eine zentrale Säule unserer modernen Gesellschaft. Ihre Bedeutung geht über einfache Werbung oder Produktwerbung hinaus. Es prägt unsere Kultur, beeinflusst unsere Entscheidungen und ist ein wichtiger Treiber für Innovation und Wirtschaftswachstum.

Betrachten wir zunächst die Auswirkungen des digitalen Marketings auf die Wirtschaft. Unternehmen, vom Start-up bis zum multinationalen Konzern, sind auf digitales Marketing angewiesen, um ihre Kunden zu erreichen. In einer Welt, in der die Mehrheit der Verbraucher einen Großteil ihrer Zeit online verbringt, ist es kein Luxus, im Internet sichtbar zu sein, sondern eine Notwendigkeit. Digitales Marketing ermöglicht es Unternehmen, gezielt und messbar mit ihren Zielgruppen in Kontakt zu treten, was oft einen viel höheren Return on Investment als herkömmliche Methoden liefert.

Doch die Bedeutung des digitalen Marketings geht weit über den Umsatz hinaus. Es spielt eine entscheidende Rolle bei der

Konstruktion und Verbreitung von Ideen und Werten. Online-Sensibilisierungskampagnen haben beispielsweise die Macht, Millionen von Menschen für soziale und ökologische Anliegen zu mobilisieren. Soziale Netzwerke, Blogs, Videos – all diese Tools ermöglichen es uns, Geschichten zu teilen, Debatten anzustoßen und Communities zu schaffen. Digitales Marketing ist zu einem Vektor des gesellschaftlichen Wandels geworden.

Darüber hinaus ist digitales Marketing ein fruchtbarer Boden für Innovationen. Fortschritte in der künstlichen Intelligenz, Datenanalyse, Augmented und Virtual Reality – sie alle finden praktische und leistungsstarke Anwendungen im digitalen Marketing. Diese Technologien machen das Marketing nicht nur effektiver; Sie verändern die Art und Weise, wie wir mit der digitalen Welt interagieren, und bereichern unser Online-Erlebnis auf eine Weise, die vor einigen Jahren noch unvorstellbar gewesen wäre.

Schließlich ist digitales Marketing für Bildung und Information unerlässlich. In einer Welt voller Informationen hilft digitales Marketing dabei, diese Informationen zu filtern, zu organisieren und auf zugängliche Weise darzustellen. Ob durch Video-Tutorials, Bildungsblogs oder interaktive Webinare – digitales Marketing ist ein leistungsstarkes Instrument, um Wissen zu teilen und lebenslanges Lernen zu fördern.

Kurz gesagt, digitales Marketing im Jahr 2024 ist viel mehr als eine Reihe von Geschäftsstrategien.

Es ist ein integraler Bestandteil unseres täglichen Lebens und beeinflusst die Art und Weise, wie wir denken, interagieren und uns als Gesellschaft weiterentwickeln. Um seine Bedeutung zu verstehen, muss man einen entscheidenden Aspekt unserer Zeit verstehen.

KAPITEL 1: DIE GRUNDLAGEN DES DIGITALEN MARKETINGS

„Der beste Weg, die Zukunft vorherzusagen, besteht darin, sie zu gestalten."
Peter Drucker

1.1 SEO: Suchmaschinenoptimierung

1.1.1 SEO-Grundlagen

Suchmaschinenoptimierung oder SEO ist eine subtile Kunst, eine Wissenschaft, die sich ständig weiterentwickelt. Im Mittelpunkt dieser Disziplin steht ein einfaches, aber wirkungsvolles Ziel: die Verbesserung der Sichtbarkeit und Relevanz einer Website in den Suchergebnissen. Doch wie genau kommen wir im Jahr 2024 dorthin? Beginnen wir mit den Grundlagen.

SEO basiert auf drei Grundpfeilern: Technik, Inhalt und Autorität. Der technische Teil betrifft die Optimierung der Struktur der Website. Dazu gehören Seitenladegeschwindigkeit, Mobilfreundlichkeit und eine klare Website-Architektur. Eine gut strukturierte Website ist wie eine gut organisierte Bibliothek, in der jedes Buch leicht zu finden ist.

Als nächstes der Inhalt. Es geht nicht nur um Quantität, sondern auch um Qualität und Relevanz. Suchmaschinen versuchen mit ihren hochentwickelten Algorithmen, den Inhalt einer Website so zu verstehen, wie es ein Mensch tun würde. Sie analysieren die Wörter, den Kontext und die Aktualität des Inhalts. Gute Inhalte beantworten nicht nur die Fragen der Nutzer, sondern bieten ihnen auch ein bereicherndes Erlebnis.

Schließlich Autorität. Dabei handelt es sich häufig um Links von anderen Websites. Betrachten Sie diese Links als Empfehlungen. Je häufiger eine Website von vertrauenswürdigen Quellen empfohlen wird, desto mehr gilt sie als Autorität auf ihrem Gebiet. Allerdings hat im Jahr 2024 die Linkqualität Vorrang vor der Quantität. Ein Link von einer seriösen Website ist viel mehr wert als Hunderte von Links von geringer Qualität.

Aber SEO hört hier nicht auf. Es handelt sich um eine sich ständig weiterentwickelnde

Disziplin, die durch Änderungen im Benutzerverhalten und Aktualisierungen der Suchmaschinenalgorithmen geprägt ist. Heutzutage spielen Dinge wie Benutzererfahrung (UX), Suchabsicht und sogar künstliche Intelligenz eine entscheidende Rolle bei der SEO einer Website.

Wenn Sie diese Grundprinzipien verstehen, haben Sie den ersten Schritt zur Beherrschung von SEO getan. Es ist eine faszinierende Reise, bei der jede kleine Verbesserung zu bedeutenden Ergebnissen führen kann. In den folgenden Abschnitten gehen wir detailliert auf jede dieser Säulen ein und stellen Ihnen das Wissen und die Tools zur Verfügung, die Sie benötigen, um in der dynamischen Welt der Suchmaschinenoptimierung erfolgreich zu sein.

1.1.2 Technisches und On-Page-SEO

Technisches SEO und On-Page-SEO sind die Grundlagen, auf denen der gesamte Aufbau der natürlichen Referenzierung ruht. Im Jahr 2024 haben diese Aspekte von SEO an Komplexität zugenommen, aber ihr Verständnis bleibt für jeden, der sich erfolgreich in der Welt des digitalen Marketings zurechtfinden möchte, unerlässlich.

Technisches SEO konzentriert sich auf die Optimierung der Struktur der Website. Es beginnt mit der Seitenladegeschwindigkeit. In einer Welt, in der jede Sekunde zählt, ist eine schnelle

Website eine Website, die ihre Besucher bindet. Suchmaschinen bevorzugen Websites, die schnell laden und so ein besseres Benutzererlebnis bieten. Dazu gehört die Optimierung von Bildern, die Verwendung von Caching und manchmal auch die Minimierung von JavaScript-Code.

Dann gibt es noch Mobilfreundlichkeit. Angesichts der Verbreitung von Smartphones ist eine Website, die nicht für mobile Geräte optimiert ist, eine Website, die einen erheblichen Teil ihres Publikums verpasst. Responsive Design ist keine Option, sondern eine Notwendigkeit. Suchmaschinen, insbesondere Google, bevorzugen in ihren Rankings mobilfreundliche Websites.

Auch die Architektur der Website spielt eine entscheidende Rolle. Eine klare und logische Struktur erleichtert den Benutzern nicht nur die Navigation auf der Website, sondern ermöglicht auch Suchmaschinen, den Inhalt besser zu verstehen und zu indexieren. Dazu gehört die Verwendung geeigneter HTML-Tags, die Erstellung einer XML-Sitemap und die Einrichtung einer konsistenten URL-Struktur.

Kommen wir nun zum On-Page-SEO. Dabei liegt der Fokus auf der Optimierung des Inhalts jeder Seite. Es beginnt mit Titel-Tags und Meta-Beschreibungen. Obwohl diese Elemente oft übersehen werden, sind sie von wesentlicher Bedeutung. Sie fungieren als Schaufenster für jede Seite und bieten Benutzern und Suchmaschinen einen schnellen Überblick über den Inhalt der Seite.

Der Inhalt selbst sollte hochwertig und relevant sein und den Lesern einen Mehrwert bieten. Im Jahr 2024 sind Suchmaschinen unglaublich gut darin geworden, die Qualität von Inhalten zu bewerten. Sie suchen nach originellen, gut geschriebenen Informationen, die direkt auf die Suchabsichten der Nutzer eingehen. Die Verwendung von Schlüsselwörtern ist immer noch wichtig, sie muss jedoch natürlich und kontextbezogen sein.

Schließlich ist die Bildoptimierung ein weiterer entscheidender Aspekt der On-Page-SEO. Die Bilder sollten hochwertig, aber auch für das Web optimiert sein. Dies bedeutet reduzierte Dateigrößen ohne Einbußen bei der Klarheit und die Verwendung von Alt-Tags zur Beschreibung von Bildinhalten, was für SEO und Zugänglichkeit unerlässlich ist.

Indem Sie technisches SEO und On-Page-SEO beherrschen, schaffen Sie die solide Grundlage für eine erfolgreiche Website. Es ist eine Investition, die sich auszahlt, nicht nur im Hinblick auf das Suchmaschinenranking, sondern auch im Hinblick auf die Bereitstellung eines großartigen Benutzererlebnisses.

1.1.3 Offpage-SEO und Backlinks

Offpage-SEO und Backlinks sind die externen

Säulen der Suchmaschinenoptimierung und spielen eine entscheidende Rolle bei der Wahrnehmung und Bewertung einer Website durch Suchmaschinen. Im Jahr 2024 haben sich diese SEO-Aspekte weiterentwickelt, ihre grundlegende Bedeutung bleibt jedoch unverändert. Sie repräsentieren den Ruf und die Glaubwürdigkeit einer Website im riesigen Universum des Internets.

Off-Page-SEO konzentriert sich hauptsächlich auf Backlinks, das sind eingehende Links von anderen Domains zu Ihrer Website. Diese Links sind für Suchmaschinen wie ein Vertrauensbeweis. Je mehr hochwertige Links eine Website von seriösen Websites erhält, desto eher gilt sie als zuverlässige und maßgebliche Quelle. Der Schlüssel liegt jedoch in der Qualität, nicht in der Quantität. Ein einzelner Link von einer Website mit hoher Autorität kann viel wertvoller sein als Dutzende Links von Websites mit geringerer Qualität.

Im Jahr 2024 hat sich auch die Art und Weise, wie diese Backlinks gewonnen werden, weiterentwickelt. Künstliche oder manipulative Linkbuilding-Praktiken sind nicht nur wirkungslos, sondern können auch dem Ruf einer Website schaden. Effektive Offpage-SEO-Strategien beinhalten oft die Erstellung hochwertiger Inhalte, die auf natürliche Weise Backlinks anziehen, die Teilnahme an Online-Communities und die Zusammenarbeit mit anderen Websites und Influencern in Ihrer Nische. Ein weiterer wichtiger Aspekt von Offpage-SEO ist die Präsenz in sozialen Netzwerken. Obwohl Links von diesen Plattformen normalerweise nicht als Backlinks im herkömmlichen Sinne gelten, spielen sie eine wichtige Rolle beim Aufbau von Markenbekanntheit und -autorität. Eine aktive und ansprechende Social-Media-Präsenz kann nicht nur Besucher auf Ihre Website locken, sondern auch zum Teilen und Erwähnen anregen, was positive Signale für Suchmaschinen sind.

Darüber hinaus sind Markenerwähnungen, auch ohne Link, zu einem wichtigen Faktor im Offpage-SEO geworden. Suchmaschinen sind dank ausgefeilter Algorithmen in der Lage, diese Erwähnungen zu erkennen und auszuwerten. Sie tragen zur allgemeinen Autorität einer Website bei, auch wenn ihnen kein Hyperlink beigefügt ist. Schließlich ist es wichtig, die Online-Reputation zu überwachen und zu verwalten. Bewertungen und Kommentare auf Websites, Foren und Bewertungsplattformen Dritter können die Wahrnehmung Ihrer Marke und damit auch Ihre SEO-Leistung beeinflussen. Proaktives Online-Reputationsmanagement, einschließlich der Beantwortung von Bewertungen und der Teilnahme an relevanten Diskussionen, ist ein wichtiger Bestandteil der Offpage-SEO.

Zusammenfassend lässt sich sagen, dass es bei Offpage-SEO und Backlinks im Jahr 2024 nicht nur darum geht, Links anzuhäufen, sondern darum, eine solide und angesehene Online-Präsenz aufzubauen. Dazu gehört eine ganzheitliche Strategie, die die Erstellung hochwertiger Inhalte, das Engagement in sozialen Medien, das Online-Reputationsmanagement und den Aufbau authentischer Beziehungen im gesamten digitalen Ökosystem umfasst.

1.1.4 Lokales und mobiles SEO

In der riesigen SEO-Welt stechen im Jahr 2024 zwei Aspekte besonders hervor: Local SEO und Mobile SEO. Diese beiden Facetten der natürlichen Referenzierung erfüllen spezifische Bedürfnisse und spiegeln aktuelle Trends im Konsum und der Internetnutzung wider.

Lokales SEO ist für Unternehmen und Marken, die lokal tätig sind oder über physische Verkaufsstellen verfügen, unverzichtbar geworden. Es ist die Kunst, Ihre Online-Präsenz zu optimieren, um Kunden aus Ihrer Region oder Stadt anzulocken. In einer Welt, in der Suchanfragen nach „in meiner Nähe" oder „in meiner Nähe" an der Tagesordnung sind, ist ein gutes Ranking in lokalen Suchergebnissen von entscheidender Bedeutung. Dazu gehört die Optimierung Ihres Google My Business-Eintrags, das Sammeln lokaler Bewertungen und die Verwendung standortbezogener Schlüsselwörter in Ihren Inhalten. Gutes lokales SEO hilft Ihrem Unternehmen, sich in der lokalen Community hervorzuheben, mehr Kunden in Ihr Geschäft zu locken oder Telefonanrufe zu generieren.

Andererseits berücksichtigt Mobile SEO das Nutzererlebnis auf Mobilgeräten. Mit der stetig zunehmenden Nutzung von Smartphones für den Zugriff auf das Internet haben Suchmaschinen, insbesondere Google, begonnen, für Mobilgeräte optimierte Websites zu bevorzugen. Das bedeutet, dass Ihre Website nicht nur responsive sein und sich an unterschiedliche Bildschirmgrößen anpassen sollte, sondern auch ein reibungsloses und schnelles Benutzererlebnis auf Mobilgeräten bieten sollte. Zur mobilen Optimierung gehören schnelle Ladezeiten, leicht anklickbare Schaltflächen und Links sowie ein Design, das die Navigation auf einem kleinen Bildschirm erleichtert. Im Jahr 2024 besteht die Gefahr, dass eine Website, die nicht für Mobilgeräte optimiert ist, einen erheblichen Teil ihres Datenverkehrs und ihrer Sichtbarkeit verliert.

Lokales und mobiles SEO hängen eng zusammen, da viele lokale Suchen auf mobilen Geräten durchgeführt werden. Benutzer suchen unterwegs nach Informationen, oft mit der Absicht, sofort Maßnahmen zu ergreifen, sei es um ein Restaurant, ein Geschäft oder eine Dienstleistung zu finden. Daher muss eine effektive SEO-Strategie im Jahr 2024 diese beiden Aspekte integrieren, um den Bedürfnissen lokaler und mobiler Nutzer gerecht zu werden.

Zusammenfassend lässt sich sagen, dass lokales

und mobiles SEO wesentliche Bestandteile einer gesamten SEO-Strategie im Jahr 2024 sind. Sie berücksichtigen spezifische Suchverhaltensweisen und sind von entscheidender Bedeutung für Unternehmen, die einen lokalen Kundenstamm gewinnen und ein optimales Benutzererlebnis auf Mobilgeräten bieten möchten. Durch die Integration in Ihre SEO-Strategie stellen Sie sicher, dass Sie in einer zunehmend mobilen und lokalisierten Welt keine wertvollen Chancen verpassen.

1.2 Online-Werbung

1.2.1. Übersicht über Werbeplattformen

Im dynamischen Feld der Online-Werbung im Jahr 2024 ist das Panorama der Werbeplattformen ebenso vielfältig wie innovativ. Diese Plattformen bieten eine breite Palette von Optionen zur gezielten Ansprache, Einbindung und Konvertierung unterschiedlicher Zielgruppen, jede mit ihren eigenen Besonderheiten und Vorteilen.

Traditionelle Giganten wie Google und Facebook dominieren weiterhin den Markt und bieten ausgefeilte Targeting-Funktionen basierend auf Demografie, Interessen und Kaufverhalten. Google ermöglicht es Werbetreibenden mit seiner Search Network and Display Platform, sich genau dort zu positionieren, wo Nutzer aktiv nach Informationen suchen. Facebook hingegen zeichnet sich durch die umfassende Kenntnis der Vorlieben und Gewohnheiten seiner Nutzer bei der Erstellung hochgradig personalisierter Kampagnen aus.

Gleichzeitig ziehen Plattformen wie Instagram, Snapchat und TikTok ein jüngeres und engagierteres Publikum an. Diese auf Visuals und Videos ausgerichteten sozialen Netzwerke bieten einzigartige Möglichkeiten für kreative und immersive Kampagnen. Insbesondere TikTok hat mit seinen kurzen und fesselnden Formaten die Online-Werbung revolutioniert und ist zu einem privilegierten Spielplatz für Marken geworden, die sich an ein junges und trendiges Publikum richten.

LinkedIn ist nach wie vor die Plattform der Wahl für B2B-Marketing und bietet direkten Zugang zu wichtigen Fachleuten und Entscheidungsträgern aus verschiedenen Branchen. Seine Fähigkeit, gezielt nach spezifischen beruflichen Kriterien wie Branche, Unternehmensgröße oder Position zu zielen, macht es zu einem unschätzbar wertvollen Werkzeug für B2B-Kampagnen.

Darüber hinaus hat das Aufkommen der programmatischen Werbung die Art und Weise verändert, wie Werbeflächen gekauft und verkauft werden. Dank Automatisierung und künstlicher Intelligenz können Werbetreibende jetzt Werbeflächen in Echtzeit kaufen und so bestimmte Zielgruppen auf einer Vielzahl von

Websites und Apps ansprechen und so die Effektivität und den ROI ihrer Kampagnen maximieren.

Abschließend ist der Aufstieg von Streaming-Plattformen wie Spotify und Netflix zu erwähnen, die neue Wege für Audio- und Videowerbung eröffnet haben. Diese Plattformen bieten einzigartige Werbeerlebnisse, die oft nahtlos in den Inhalt integriert sind und das Engagement und die Aufnahmebereitschaft des Publikums steigern können.

Insgesamt ist die Werbeplattformlandschaft im Jahr 2024 ein reichhaltiges und vielfältiges Ökosystem, das Werbetreibenden eine Vielzahl von Möglichkeiten bietet, ihre Zielgruppen zu erreichen. Der Schlüssel zum Erfolg liegt darin, die Stärken jeder Plattform zu verstehen und diese Tools in eine zusammenhängende, zielgerichtete Werbestrategie zu integrieren.

1.2.2. Suchmaschinenwerbung

Suchmaschinenwerbung, ein Kernelement des digitalen Marketings im Jahr 2024, spielt weiterhin eine entscheidende Rolle in der Strategie jedes Unternehmens, das seine Online-Sichtbarkeit erhöhen möchte. Diese Werbeform, die oft von Google Ads dominiert wird, ist anspruchsvoller und integrierter geworden und spiegelt technologische Fortschritte und Veränderungen im Nutzerverhalten wider.

Das Herzstück der Suchmaschinenwerbung ist das Konzept des „Pay-per-Click" (PPC), bei dem Werbetreibende für jeden Klick auf ihre Anzeigen bezahlen. Dieses Modell ist äußerst effektiv, da Sie damit Benutzer ansprechen können, die aktiv nach bestimmten Produkten oder Dienstleistungen suchen. Im Jahr 2024 sind die Targeting-Funktionen präziser geworden und ermöglichen es Werbetreibenden, Zielgruppen anhand von Kriterien wie Standort, Interessen, Suchgewohnheiten und sogar Kaufverhalten anzusprechen.

Google Ads, die beliebteste Plattform für Suchmaschinenwerbung, bietet eine Vielzahl von Anzeigenformaten, darunter traditionelle Textanzeigen, Display-Anzeigen und Videoanzeigen. Diese Anzeigen erscheinen nicht nur in den Google-Suchergebnissen, sondern auch auf anderen Partner-Websites im Google Display-Netzwerk. Diese Vielfalt an Formaten ermöglicht es Werbetreibenden, den besten Weg zu wählen, um ihre Botschaft zu kommunizieren und ihre Zielgruppe anzusprechen.

Die Optimierung von Suchmaschinen-Werbekampagnen ist komplexer und datengesteuerter geworden. Werbetreibende nutzen fortschrittliche Analyse- und Tracking-Tools, um die Leistung ihrer Kampagnen zu messen, ihre Gebote in Echtzeit anzupassen und ihre Keywords und Werbebotschaften zu optimieren. Künstliche Intelligenz spielt bei dieser

Optimierung eine wachsende Rolle und hilft dabei, das Nutzerverhalten vorherzusagen und Kampagnenanpassungen zu automatisieren, um den ROI zu maximieren.

Darüber hinaus geht es bei Suchmaschinenwerbung im Jahr 2024 nicht mehr nur um Direktverkäufe. Es wird auch verwendet, um die Markenbekanntheit zu steigern, Verbraucher aufzuklären und sogar Kaufentscheidungen zu Beginn der Customer Journey zu beeinflussen. Werbetreibende kombinieren Suchmaschinenwerbung häufig mit anderen Formen des digitalen Marketings wie SEO und Content-Marketing, um eine umfassende und zusammenhängende Online-Marketing-Strategie zu erstellen.

Zusammenfassend lässt sich sagen, dass Suchmaschinenwerbung im Jahr 2024 ein leistungsstarkes und unverzichtbares Instrument für Unternehmen jeder Größe ist. Es bietet sofortige Sichtbarkeit, präzises Targeting und hohe Conversion-Chancen und lässt sich gleichzeitig nahtlos in eine umfassendere digitale Marketingstrategie integrieren. Für Unternehmen, die sich in einem überfüllten Markt hervorheben möchten, ist die Beherrschung der Suchmaschinenwerbung nicht nur von Vorteil, sondern von entscheidender Bedeutung.

1.2.3. Social-Media-Werbung

Werbung in sozialen Netzwerken ist im Jahr 2024 zu einem wesentlichen Element jeder digitalen Marketingstrategie geworden. Da sich soziale Plattformen ständig weiterentwickeln und ihr Einfluss wächst, steht Marken ein leistungsstarkes Tool zur Verfügung, mit dem sie ihre Zielgruppe direkt und persönlich erreichen und ansprechen können.

Jedes soziale Netzwerk bietet seine eigenen Besonderheiten und Vorteile in Bezug auf Werbung. Facebook zum Beispiel bleibt dank seiner detaillierten Targeting-Optionen, die demografische, verhaltensbezogene und sogar psychografische Kriterien umfassen, nach wie vor eine Plattform der Wahl für die Ansprache eines großen und vielfältigen Publikums. Instagram mit seinem Schwerpunkt auf visuellen Elementen ist ideal für Marken, die ästhetisch ansprechende und ansprechende Werbekampagnen erstellen möchten, die besonders effektiv ein jüngeres Publikum erreichen.

TikTok, das sich zu einem Social-Media-Giganten entwickelt hat, bietet eine einzigartige Plattform für kreative und virale Kampagnen, insbesondere für die Generation Z. Sein dynamischer und auf Kurzvideoinhalte ausgerichteter Charakter macht es zu einem fruchtbaren Boden für innovative und fesselnde Werbekampagnen. LinkedIn dominiert unterdessen weiterhin die B2B-Werbebranche und bietet direkten Zugang zu Fachleuten und Entscheidungsträgern aus verschiedenen

Branchen.

Einer der attraktivsten Aspekte der Social-Media-Werbung ist ihre Fähigkeit, direkt mit Verbrauchern in Kontakt zu treten. Marken können nicht nur ihre Botschaften verbreiten, sondern auch mit ihrem Publikum interagieren, Feedback in Echtzeit erhalten und eine Community rund um ihre Produkte oder Dienstleistungen aufbauen. Diese wechselseitige Interaktion schafft eine stärkere Bindung zwischen Marken und ihren Kunden und erhöht Loyalität und Vertrauen.

Darüber hinaus ermöglicht Social-Media-Werbung eine detaillierte Messung und Analyse der Kampagnenleistung. Werbetreibende können eine Vielzahl von Kennzahlen wie Impressionen, Klicks, Engagement-Raten und Conversions verfolgen und so ihre Strategien in Echtzeit anpassen, um die Ergebnisse zu optimieren. Plattformen bieten außerdem fortschrittliche Tools zum Testen verschiedener Anzeigenformate und -botschaften, um herauszufinden, was bei ihrer Zielgruppe am besten ankommt.

Auch im Jahr 2024 geht der Trend zur Integration von Social-Media-Werbung mit anderen digitalen Marketingkanälen. Marken kombinieren Social-Media-Kampagnen oft mit SEO, E-Mail-Marketing und anderen Formen der Online-Werbung, um ein zusammenhängendes Omnichannel-Erlebnis für Verbraucher zu schaffen.

Zusammenfassend lässt sich sagen, dass Social-

Media-Werbung im Jahr 2024 ein dynamisches und vielseitiges Tool ist, das für Marken unerlässlich ist, die ihre Sichtbarkeit erhöhen, ihr Publikum einbinden und Conversions generieren möchten. Mit seinen präzisen Targeting-Fähigkeiten, vielfältigen Formatoptionen und der Möglichkeit zur direkten Interaktion mit Verbrauchern stellt es einen Schlüsselbestandteil jeder erfolgreichen digitalen Marketingstrategie dar.

1.2.4. Trends und Innovationen

Im Jahr 2024 ist der Bereich der Online-Werbung von Trends und Innovationen geprägt, die die Art und Weise, wie Marken mit ihrem Publikum interagieren, neu definieren. Diese Entwicklungen werden durch technologische Fortschritte, Veränderungen im Verbraucherverhalten und die Notwendigkeit einer stärkeren Personalisierung und Effizienz von Werbekampagnen vorangetrieben.

Einer der bedeutendsten Trends ist der verstärkte Einsatz von künstlicher Intelligenz und maschinellem Lernen. Diese Technologien ermöglichen eine weitere Personalisierung von Werbekampagnen und analysieren große Datenmengen, um Verbraucherpräferenzen und -verhalten zu verstehen. Dies ermöglicht es Werbetreibenden, Werbebotschaften zu erstellen, die bei jedem Segment ihrer Zielgruppe Anklang finden, wodurch die Effektivität der Kampagne erhöht und das Benutzererlebnis verbessert wird.

Augmented Reality (AR) und Virtual Reality (VR) verändern auch die Online-Werbung. Diese Technologien bieten immersive und interaktive Erlebnisse, die es Marken ermöglichen, sich abzuheben und eine starke emotionale Bindung zu den Verbrauchern aufzubauen. Beispielsweise kann eine Modemarke AR nutzen, um Kunden die virtuelle Anprobe von Kleidung zu ermöglichen, während ein Tourismusunternehmen VR nutzen kann, um virtuelle Touren zu weit entfernten Reisezielen anzubieten.

Auch Conversational Marketing erfreut sich dank Chatbots und virtuellen Assistenten zunehmender Beliebtheit. Diese Tools ermöglichen die Interaktion mit Verbrauchern in Echtzeit, bieten personalisierten Kundenservice und verbessern die Interaktion. Chatbots können Fragen beantworten, Produkte empfehlen und sogar Transaktionen abwickeln und so ein nahtloses und interaktives Einkaufserlebnis schaffen.

Darüber hinaus verändert der Aufstieg der programmatischen Werbung weiterhin die Werbelandschaft. Dieser Ansatz nutzt Algorithmen, um automatisch Werbeflächen zu kaufen und gezielt bestimmte Zielgruppen zum optimalen Zeitpunkt anzusprechen. Dies ermöglicht eine höhere Effizienz und einen besseren Return on Investment, da Anzeigen mit größerer Wahrscheinlichkeit Menschen erreichen, die sich für das angebotene Produkt oder die angebotene Dienstleistung interessieren.

Schließlich werden Ethik und Transparenz zu Schlüsselelementen in der Online-Werbung. Angesichts des zunehmenden Bewusstseins für Datenschutzfragen und die Verwendung personenbezogener Daten streben Marken danach, ihre Werbepraktiken transparenter zu gestalten. Dazu gehört die Einhaltung von Datenschutzbestimmungen wie der DSGVO und eine klare Kommunikation über die Verwendung von Verbraucherdaten.

Diese Trends und Innovationen zeigen, dass es bei Online-Werbung im Jahr 2024 nicht nur um den Verkauf von Produkten oder Dienstleistungen geht, sondern auch darum, einzigartige, personalisierte und ethische Erlebnisse für Verbraucher zu schaffen. Marken, die diese neuen Technologien und Ansätze nutzen, sind besser in der Lage, auf sinnvolle und dauerhafte Weise mit ihrem Publikum in Kontakt zu treten.

1.3 Soziale Netzwerke

1.3.1. Dominierende Plattformen im Jahr 2024

Im Jahr 2024 wird die Social-Media-Landschaft von mehreren Plattformen dominiert, die sich jeweils weiterentwickelt haben, um den sich ändernden Bedürfnissen von Nutzern und Werbetreibenden gerecht zu werden. Diese Plattformen zeichnen sich durch einzigartige Funktionen, Zielgruppen und die Fähigkeit aus, Benutzer auf innovative und sinnvolle Weise einzubinden.

Facebook ist nach wie vor ein Social-Media-Riese mit einer riesigen und vielfältigen Nutzerbasis. Seine Stärke liegt in seiner Fähigkeit, Menschen aller Altersgruppen und Hintergründe miteinander zu verbinden und Marken eine große und vielfältige Reichweite zu bieten. Facebook hat außerdem erweiterte Augmented Reality- und E-Commerce-Funktionen integriert, wodurch die Plattform für Benutzer immersiver und interaktiver und für Werbetreibende attraktiver wird.

Instagram bleibt mit seinem Fokus auf visuellen Inhalten eine Plattform der Wahl für ästhetisch fokussierte Marken wie Mode, Beauty und Lifestyle. Im Jahr 2024 hat Instagram seine Schnittstelle mit Augmented-Reality-Funktionen und integrierten Einkaufsoptionen gestärkt, sodass Nutzer dynamischer und direkter mit Marken interagieren können.

TikTok, das in den letzten Jahren einen kometenhaften Aufstieg erlebt hat, fasziniert weiterhin ein junges und engagiertes Publikum. Die Formel aus kurzen, kreativen und oft viralen Inhalten bietet einen fruchtbaren Boden für innovative und interaktive Werbekampagnen.

TikTok ist zu einem Muss für Marken geworden, die die Generation Z erreichen und aktuelle kulturelle Trends nutzen möchten.

LinkedIn bleibt die dominierende Plattform für professionelles Networking und B2B-Marketing. Im Jahr 2024 erweiterte LinkedIn seine Targeting- und Content-Funktionen und ermöglichte es Unternehmen, präziser und effektiver mit Fachleuten und Entscheidungsträgern in Kontakt zu treten. Die Plattform wird besonders für den Aufbau beruflicher Beziehungen und die Erstellung von Thought-Leadership-Inhalten geschätzt.

Schließlich beginnen neue Plattformen, die bestimmte Nischen bedienen oder neue Möglichkeiten der Online-Verbindung einführen, an Bedeutung zu gewinnen. Diese Plattformen bieten Marken einzigartige Möglichkeiten, mit bestimmten Zielgruppen in Kontakt zu treten und neue Formen von Inhalten und Engagement zu erkunden.

Zusammenfassend lässt sich sagen, dass die dominierenden Plattformen im Jahr 2024 eine Vielfalt an Kanälen und Ansätzen für das Social-Media-Marketing bieten. Jede Plattform verfügt über einzigartige Eigenschaften, die Marken nutzen können, um ihre Marketingziele zu erreichen, sei es zur Steigerung der Markenbekanntheit, zur Ansprache spezifischer Zielgruppen oder zur Generierung von Direktverkäufen. Der Schlüssel zum Erfolg liegt darin, die Stärken jeder Plattform zu verstehen und Strategien anzupassen, um die Wirkung bei der Zielgruppe zu maximieren.

1.3.2. Content- und Engagement-Strategien

Im Jahr 2024 sind Social-Media-Inhalte und Engagement-Strategien ausgefeilter und benutzerorientierter geworden und spiegeln die sich ständig ändernden Erwartungen und Verhaltensweisen des Online-Publikums wider. Marken, die in diesem Bereich erfolgreich sind, sind diejenigen, die verstehen, wie wichtig es ist, aussagekräftige und ansprechende Inhalte zu erstellen, die auf die Besonderheiten jeder Plattform und ihrer Zielgruppe zugeschnitten sind.

Eine effektive Content-Strategie beginnt mit einem tiefen Verständnis des Publikums. Marken müssen wissen, wer ihre Follower sind, was ihnen wichtig ist und wie sie mit Inhalten auf verschiedenen Plattformen interagieren. Dieses Verständnis ermöglicht es Ihnen, Inhalte zu erstellen, die beim Publikum Anklang finden, egal ob es sich um informative, unterhaltsame oder inspirierende Beiträge handelt. Im Jahr 2024 ist der Einsatz von Datenanalysen und künstlicher Intelligenz üblich, um Benutzerpräferenzen und -verhalten zu verstehen und so eine stärkere Personalisierung und Relevanz von Inhalten zu ermöglichen.

Storytelling ist ein weiteres Schlüsselelement von Content-Strategien. Fesselnde, gut erzählte Geschichten können eine starke emotionale Verbindung zum Publikum herstellen und so das Engagement und die Markentreue steigern. Marken nutzen Geschichten, um ihre Werte, Mission und Erfolge zu teilen und ihre Inhalte in immersive und unvergessliche Erlebnisse für Benutzer zu verwandeln.

Engagement ist ebenso wichtig wie der Inhalt selbst. Marken sollten in sozialen Medien aktiv und reaktionsschnell sein, auf Kommentare reagieren, an Gesprächen teilnehmen und Benutzer dazu ermutigen, mit ihren Inhalten zu interagieren. Wettbewerbe, Umfragen und offene Fragen sind effektive Möglichkeiten, die Interaktion zu fördern und eine Community rund um die Marke aufzubauen.

Videos bleiben auch im Jahr 2024 ein dominierendes Inhaltsformat, wobei kurze, ansprechende und leicht konsumierbare Videos bevorzugt werden. Plattformen wie TikTok und Instagram Reels bieten ideale Möglichkeiten für kreative Videos, die viral gehen können. Marken nutzen Live-Videos auch für Veranstaltungen, Produkteinführungen oder Frage-und-Antwort-Runden, um ein authentischeres und persönlicheres Erlebnis zu bieten.

Schließlich ist die Anpassung der Inhalte an die Besonderheiten jeder Plattform von entscheidender Bedeutung. Was auf Instagram funktioniert, funktioniert möglicherweise nicht auf LinkedIn oder TikTok. Marken müssen daher ihre Botschaft, ihren Ton und ihr Format je nach Plattform und Zielgruppe anpassen. Inhalte, die formeller sind und sich auf Thought Leadership konzentrieren, könnten beispielsweise für LinkedIn geeignet sein, während Inhalte, die visueller und unterhaltsamer sind, besser für Instagram oder TikTok geeignet sind.

Zusammenfassend lässt sich sagen, dass Content- und Engagement-Strategien im Jahr 2024 einen ganzheitlichen Ansatz erfordern, der Publikumsverständnis, Storytelling, aktive Interaktion, die Verwendung verschiedener Content-Formate und die Anpassung an verschiedene Plattformen kombiniert. Marken, die diese Strategien anwenden, sind besser in der Lage, sinnvolle Verbindungen zu ihrem Publikum aufzubauen, ihre Online-Präsenz zu stärken und ihre Marketingziele in den sozialen Medien zu erreichen.

1.3.3. Werbung und Monetarisierung

Im Jahr 2024 haben Social-Media-Werbung und Monetarisierung neue Höhen an Innovation und Effektivität erreicht und bieten Marken und Content-Erstellern beispiellose Möglichkeiten zur Generierung von Einnahmen. Diese Entwicklung ist das Ergebnis eines besseren Verständnisses des Nutzerverhaltens, der Integration fortschrittlicher Technologien und der Schaffung interaktiverer und personalisierterer Werbeformate.

Social-Media-Werbung ist anspruchsvoller geworden, mit präzisen Targeting-Optionen und vielfältigen Anzeigenformaten. Plattformen wie Facebook, Instagram und TikTok bieten Targeting-Tools basierend auf Demografie, Interessen, Kaufverhalten und sogar früheren Interaktionen mit der Marke. Diese Präzision ermöglicht es Werbetreibenden, ihre Botschaften an Zielgruppen zu übermitteln, die am wahrscheinlichsten an ihren Produkten oder Dienstleistungen interessiert sind, und so die Konversionsraten und den ROI zu steigern.

Auch die Werbeformate haben sich weiterentwickelt und gehen über traditionelle Anzeigen hinaus und umfassen immersive Erlebnisse wie Augmented Reality, interaktive Videos und In-App-Stores. Augmented-Reality-Anzeigen auf Instagram ermöglichen es Nutzern beispielsweise, Produkte wie Brillen oder Make-up virtuell anzuprobieren und so ein ansprechendes und unterhaltsames Einkaufserlebnis zu schaffen. Ebenso laden interaktive Videos auf TikTok Benutzer dazu ein, an Herausforderungen teilzunehmen oder auf kreative Weise mit Inhalten zu interagieren, wodurch das Engagement und die Sichtbarkeit der Marke erhöht werden.

Auch die Monetarisierung für Content-Ersteller in sozialen Medien hat an Dynamik gewonnen. Plattformen wie YouTube und Twitch haben ihre Systeme zur Aufteilung der Werbeeinnahmen perfektioniert und ermöglichen den Erstellern einen erheblichen Anteil der durch ihre Videos generierten Einnahmen. Darüber hinaus ermöglichen Funktionen wie Super Chats auf YouTube und Bits auf Twitch den Fans, ihre Lieblings-Creator direkt während Live-Streams finanziell zu unterstützen.

Markenpartnerschaften und -kooperationen sind eine weitere wichtige Einnahmequelle für YouTuber. Durch die direkte Zusammenarbeit mit Marken bei der Erstellung gesponserter Inhalte können Influencer Einnahmen generieren und gleichzeitig ihren Followern relevante und authentische Inhalte bieten. Diese Partnerschaften sind transparenter und regulierter geworden und gewährleisten eine klare Offenlegung gesponserter Kooperationen, um Vertrauen und Authentizität zu wahren.

Schließlich haben Social-Media-Plattformen neue E-Commerce-Funktionen eingeführt, die es Marken und YouTubern ermöglichen, ihre Produkte direkt über ihre Profile und Beiträge zu verkaufen. Diese integrierten Einkaufsfunktionen verwandeln soziale Netzwerke in umfassende Vertriebskanäle und bieten den Benutzern ein nahtloses und integriertes Einkaufserlebnis.

Zusammenfassend lässt sich sagen, dass

Social-Media-Werbung und Monetarisierung im Jahr 2024 ein dynamisches und sich ständig weiterentwickelndes Ökosystem darstellt, das Marken und Content-Erstellern vielfältige Möglichkeiten bietet. Mit innovativen Werbestrategien, vielfältigen Monetarisierungsoptionen und einer verstärkten E-Commerce-Integration sind soziale Medien zu leistungsstarken Plattformen für Geschäftswachstum und Umsatzgenerierung geworden.

1.3.4. Leistungsanalyse und -messung

Analyse und Messung der Leistung in sozialen Netzwerken im Jahr 2024 sind zu wesentlichen Bestandteilen jeder digitalen Marketingstrategie geworden. Da sich Plattformen und Benutzerverhalten ständig weiterentwickeln, ist es für Marken und Unternehmen von entscheidender Bedeutung, die Auswirkungen und Wirksamkeit der auf diesen Kanälen ergriffenen Maßnahmen zu verstehen. Durch dieses tiefe Verständnis können Strategien in Echtzeit angepasst, Ressourcen optimiert und Ziele effizienter erreicht werden.

Social-Media-Plattformen bieten eine breite Palette integrierter Analysetools, mit denen Marken eine Vielzahl wichtiger Kennzahlen verfolgen können. Zu diesen Kennzahlen gehören unter anderem die Anzahl der Likes,

Shares, Kommentare, die Beitragsreichweite, die Engagement-Rate und die Anzahl der Link-Klicks. Diese Daten liefern wertvolle Erkenntnisse darüber, wie Inhalte vom Publikum aufgenommen werden, welche Art von Inhalten am besten ankommen und wann die besten Zeiten zum Posten sind.

Im Jahr 2024 ist die Social-Media-Analyse durch die Integration von künstlicher Intelligenz und maschinellem Lernen umfassender geworden. Diese Technologien ermöglichen eine tiefergehende Analyse von Trends, Benutzerstimmungen und Interaktionsverhalten. Beispielsweise kann eine Sentiment-Analyse Aufschluss darüber geben, wie Benutzer eine Marke oder ein Produkt wahrnehmen, indem sie den Ton und den Kontext von Kommentaren und Erwähnungen in sozialen Medien untersucht.

Marken nutzen auch Analysetools von Drittanbietern, um detailliertere Einblicke zu erhalten und Daten aus verschiedenen Quellen zu kombinieren. Diese Tools bieten erweiterte Funktionen wie Conversion-Tracking, User-Journey-Analyse und Zielgruppensegmentierung. Durch die Kombination von Social-Media-Daten mit anderen Datenquellen wie Website-Traffic oder Verkaufsdaten können Marken einen ganzheitlichen Überblick über die Wirksamkeit ihrer Marketingbemühungen erhalten.

Die Analyse der Social-Media-Performance ist auch für den ROI (Return on Investment) und die Entscheidungsfindung von entscheidender Bedeutung. Durch die Messung der Wirksamkeit von Werbekampagnen, Content-Initiativen und Engagement-Strategien können Unternehmen ermitteln, welche Ansätze den besten ROI bieten, und ihre Budgets und Ressourcen entsprechend anpassen.

Schließlich handelt es sich bei Analyse und Leistungsmessung nicht nur um Übungen nach der Kampagne, sondern um fortlaufende Prozesse. Marken müssen ihre Social-Media-Performance ständig überwachen, um aufkommende Trends schnell zu erkennen, auf Veränderungen im Nutzerverhalten zu reagieren und ihre Strategien in Echtzeit anzupassen, um relevant und effektiv zu bleiben.

Zusammenfassend lässt sich sagen, dass die Analyse und Messung der Leistung in sozialen Netzwerken im Jahr 2024 Schlüsselelemente sind, um die Auswirkungen von Marketingmaßnahmen zu verstehen, Strategien zu optimieren und eine maximale Kapitalrendite zu gewährleisten. Mit dem Aufkommen fortschrittlicher Technologien und der Integration vielfältiger Daten verfügen Marken nun über leistungsstarke Tools, um ihre Präsenz in sozialen Netzwerken zu messen, zu analysieren und kontinuierlich zu verbessern.

KAPITEL 2: CONTENT-STRATEGIEN

„Ihr unzufriedenster Kunde ist Ihre beste Lernquelle."
Bill Gates

2.1 Content-Marketing

2.1.1 Erstellung hochwertiger Inhalte

Im Bereich Content-Marketing im Jahr 2024 ist die Erstellung hochwertiger Inhalte mehr denn je zu einem Eckpfeiler der Kommunikationsstrategien von Marken geworden. Da sich die Erwartungen der Verbraucher ständig weiterentwickeln und die Märkte gesättigt sind, ist die Produktion von Inhalten, die sich durch Qualität, Originalität und Relevanz auszeichnen, von entscheidender Bedeutung, um Aufmerksamkeit zu erregen und das Publikum zu fesseln.

Die Qualität von Inhalten wird durch mehrere Schlüsselkriterien definiert. Zunächst einmal sind Authentizität und Originalität unerlässlich. Verbraucher sind ständig auf der Suche nach Inhalten, die eine neue Perspektive bieten, ehrlich sind und Markenwerte widerspiegeln. Das bedeutet, sich von allgemeinen Botschaften zu lösen und Inhalte zu erstellen, die eine Geschichte erzählen, ein Erlebnis teilen oder einen einzigartigen Einblick bieten.

Als nächstes ist die Relevanz des Inhalts entscheidend. Das bedeutet, die Bedürfnisse, Interessen und Herausforderungen der Zielgruppe zu verstehen und Inhalte zu erstellen, die diesen gerecht werden. Im Jahr 2024 ist die Nutzung von Daten und Analysen zum Verständnis der Zielgruppenpräferenzen alltäglich. Dadurch können Marken ihre Botschaften personalisieren und sicherstellen, dass ihre Inhalte nicht nur interessant, sondern auch nützlich für ihre Zielgruppe sind.

Die Qualität der Inhalte erfordert auch eine hervorragende Ausführung. Dazu gehört nicht nur tadelloses Schreiben, sondern auch die Verwendung attraktiver Bilder, ansprechender Videos und anderer Multimedia-Elemente. Mit der Weiterentwicklung von Technologien und Plattformen stehen Marken eine Vielzahl von Formaten zur Verfügung, um ihre Inhalte auf kreative und fesselnde Weise zu präsentieren.

Darüber hinaus ist die Qualität von Inhalten

eng mit ihrer Fähigkeit verknüpft, Aktionen anzustoßen und voranzutreiben. Qualitativ hochwertige Inhalte sollen nicht nur informieren oder unterhalten, sondern Nutzer auch dazu anregen, mit der Marke zu interagieren, sei es durch Kommentare, Shares, Registrierungen oder Käufe. Dies erfordert ein klares Verständnis der Markenziele und die strategische Integration von Handlungsaufforderungen in Inhalte.

Schließlich ist die Qualität von Inhalten ein fortlaufender und sich weiterentwickelnder Prozess. Marken müssen bereit sein, Inhalte anzupassen, zu experimentieren und innovativ zu sein, um in einer sich ständig verändernden Medienlandschaft relevant zu bleiben. Dazu gehört es, Trends im Auge zu behalten, Feedback vom Publikum einzuholen und die Content-Strategien entsprechend anzupassen.

Zusammenfassend lässt sich sagen, dass die Erstellung hochwertiger Inhalte im Jahr 2024 eine komplexe Mischung aus Authentizität, Relevanz, hervorragender Ausführung, Engagement und Anpassungsfähigkeit ist. Marken, denen dieser Ansatz gelingt, sind diejenigen, die ihr Publikum verstehen und respektieren und gleichzeitig kreativ und innovativ in der Art und Weise sind, wie sie ihre Botschaften kommunizieren.

2.1.2 Vertriebsstrategien

Im Jahr 2024 sind Content-

Distributionsstrategien zu einem entscheidenden Aspekt des Content-Marketings geworden und erfordern eine sorgfältige Planung und strategische Umsetzung. Angesichts der Fülle an online verfügbaren Inhalten reicht es nicht mehr aus, qualitativ hochwertige Inhalte zu erstellen; Es ist auch wichtig sicherzustellen, dass es die Zielgruppe effektiv erreicht. Die Verbreitung von Inhalten erfordert ein gründliches Verständnis der verschiedenen verfügbaren Kanäle und ihrer Nutzung, um die Reichweite und Wirkung von Inhalten zu maximieren.

Einer der Schlüssel zu einer erfolgreichen Vertriebsstrategie ist die Diversifizierung der Kanäle. Dazu gehören nicht nur traditionelle soziale Netzwerke wie Facebook, Instagram und Twitter, sondern auch neue Plattformen, Blogs, E-Mail-Newsletter und sogar Podcasts. Jeder Kanal hat seine eigenen Stärken und spricht unterschiedliche Zielgruppensegmente an. Soziale Medien eignen sich beispielsweise hervorragend, um ein breites Publikum zu erreichen und das Engagement zu fördern, während sich E-Mail-Newsletter hervorragend dazu eignen, einem bereits interessierten Publikum detailliertere Inhalte bereitzustellen.

Auch die Personalisierung der Verteilung ist unerlässlich. Das bedeutet, den Inhalt und sein Format je nach Vertriebskanal anzupassen. Beispielsweise eignen sich lange, detaillierte Inhalte möglicherweise besser für einen Blog oder Newsletter, während eine komprimierte, optisch ansprechende Version in sozialen Medien möglicherweise effektiver ist. Dieser Ansatz stellt sicher, dass Inhalte nicht nur gesehen werden, sondern auch für das Publikum auf jeder Plattform ansprechend sind.

Eine weitere wichtige Strategie ist der Einsatz von Marketingautomatisierungs- und Analysetools zur Optimierung des Vertriebs. Mit diesen Tools können Sie die Veröffentlichung von Inhalten planen, bestimmte Zielgruppen ansprechen und die Leistung in Echtzeit überwachen. Die Analyse von Leistungsdaten hilft zu verstehen, welche Art von Inhalten auf welchem Kanal am besten funktioniert, wann sie veröffentlicht werden sollten, um die Sichtbarkeit zu maximieren, und wie Vertriebsstrategien angepasst werden können, um Engagement und Reichweite zu verbessern.

Auch die Zusammenarbeit mit Influencern und anderen Marken kann eine effektive Möglichkeit zur Verbreitung von Inhalten sein. Diese Partnerschaften tragen dazu bei, neue Zielgruppen zu erreichen und den Inhalten Glaubwürdigkeit zu verleihen. Durch die Zusammenarbeit mit Influencern oder Marken, die ähnliche Werte teilen, können Unternehmen ihre Reichweite organisch und authentisch erweitern.

Schließlich ist es wichtig, die Bedeutung von SEO bei der Verbreitung von Inhalten nicht zu vernachlässigen. Die Optimierung von

Inhalten für Suchmaschinen sorgt für langfristige Sichtbarkeit und kann zu konsistentem organischem Traffic führen. Dazu gehört die Verwendung relevanter Schlüsselwörter, der Aufbau interner und externer Links und die Sicherstellung, dass Inhalte für Suchmaschinen leicht zugänglich und indexierbar sind.

Zusammenfassend lässt sich sagen, dass Content-Distributionsstrategien im Jahr 2024 einen mehrkanaligen, personalisierten und datengesteuerten Ansatz erfordern. Durch das Verständnis der Stärken jedes Kanals, die Anpassung von Inhalten an spezifische Zielgruppenbedürfnisse und den Einsatz von Analysetools zur Optimierung der Verbreitung können Marken sicherstellen, dass ihre hochwertigen Inhalte ihre Zielgruppe effektiv erreichen und ansprechen.

2 1.3 Content-Marketing und SEO

Im Jahr 2024 ist der Zusammenhang zwischen Content-Marketing und SEO ausgeprägter und strategischer denn je. Diese Synergie ist für den Online-Erfolg von Marken von entscheidender Bedeutung, da sie die Kunst, ansprechende und relevante Inhalte zu erstellen, mit der Wissenschaft der Suchmaschinenoptimierung verbindet. Dieser Zusammenschluss trägt nicht nur dazu bei, die Aufmerksamkeit der Zielgruppen zu gewinnen, sondern sorgt auch dafür, dass

Inhalte leicht auffindbar sind und in den Suchergebnissen gut ranken.

Content-Marketing konzentriert sich auf die Erstellung von Material, das den Benutzern einen Mehrwert bietet, sei es in Form von Informationen, Unterhaltung oder Bildung. Ziel ist es, Inhalte zu erstellen, die beim Publikum Anklang finden, die Glaubwürdigkeit der Marke stärken und das Engagement fördern. Doch egal wie gut der Inhalt ist: Wenn er nicht für Suchmaschinen optimiert ist, erreicht er sein potenzielles Publikum möglicherweise nicht. Hier kommt SEO ins Spiel.

Bei SEO oder Suchmaschinenoptimierung geht es darum, verschiedene Elemente des Inhalts so anzupassen, dass er von Suchmaschinen wie Google besser verstanden und bevorzugt wird. Dazu gehört die strategische Verwendung relevanter Schlüsselwörter, der Aufbau interner und externer Links, die Optimierung von Meta-Tags und Bildern sowie die Sicherstellung, dass Inhalte so strukturiert sind, dass sie leicht indizierbar sind. Wenn Content-Marketing und SEO aufeinander abgestimmt sind, erregen Inhalte nicht nur die Aufmerksamkeit der Leser, sondern werden auch in den Suchergebnissen gut positioniert, was ihre Sichtbarkeit und Zugänglichkeit erhöht.

Eine wirksame Strategie vereint diese beiden Elemente auf harmonische Weise. Bei der Erstellung von Inhalten ist es beispielsweise wichtig, eine Keyword-Recherche durchzuführen, um die Begriffe und Fragen zu verstehen, mit denen die Zielgruppe online nach Informationen sucht. Diese Schlüsselwörter können dann auf natürliche Weise in den Inhalt integriert werden, sodass dieser nicht nur den Nutzerbedürfnissen entspricht, sondern auch für Suchmaschinen optimiert ist.

Darüber hinaus ist die Erstellung hochwertiger Inhalte, die natürliche Backlinks anziehen, ein weiterer Konvergenzpunkt zwischen Content-Marketing und SEO. Backlinks oder eingehende Links von anderen Websites sind ein wichtiger Indikator für die Qualität und Relevanz einer Website für Suchmaschinen. Ansprechende und informative Inhalte werden mit größerer Wahrscheinlichkeit von anderen Websites geteilt und referenziert, was das Backlink-Profil einer Website und damit ihr Ranking in den Suchergebnissen verbessert.

Schließlich ist es wichtig, die Leistung von Inhalten zu verfolgen und zu analysieren, um zu verstehen, wie sie sowohl aus Content-Marketing- als auch aus SEO-Perspektive abschneiden. Dazu gehört die Überwachung von Kennzahlen wie Website-Verkehr, Verweildauer auf der Seite, Absprungraten sowie Keyword-Rankings und Klickraten (CTR) in den Suchergebnissen. Diese Daten können wertvolle Erkenntnisse zur Verfeinerung und Verbesserung zukünftiger Strategien liefern.

Zusammenfassend lässt sich sagen, dass Content-Marketing und SEO im Jahr 2024 keine isolierten Strategien, sondern voneinander abhängige Bestandteile einer gesamten digitalen Marketingstrategie sind. Die erfolgreiche Integration dieser beiden Elemente ist entscheidend für die Erstellung von Inhalten, die nicht nur Benutzer ansprechen und informieren, sondern auch sichtbar sind und in den Suchergebnissen einen hohen Rang einnehmen, wodurch die Reichweite und Wirkung von Online-Inhalten maximiert wird.

2.1.4 Wirksamkeitsmessung

Die Messung der Wirksamkeit von Content-Marketing im Jahr 2024 ist ein komplexer und mehrdimensionaler Prozess, der für die Bewertung der Wirkung von Content-Strategien und die Steuerung zukünftiger Marketingentscheidungen unerlässlich ist. Mit der Weiterentwicklung der Technologie und des Verbraucherverhaltens verfügen Marken über eine Fülle von Daten und Tools, um die Leistung ihrer Inhalte zu analysieren. Die sinnvolle Interpretation dieser Daten ist jedoch entscheidend, um umsetzbare Erkenntnisse zu gewinnen und Content-Strategien zu optimieren.
Einer der ersten Schritte zur Messung der Wirksamkeit besteht darin, klare, messbare Ziele festzulegen. Diese Ziele können je nach den

Bedürfnissen der Marke variieren und umfassen möglicherweise die Steigerung des Website-Verkehrs, die Verbesserung des Social-Media-Engagements, die Generierung von Leads oder die Steigerung des Umsatzes. Sobald die Ziele definiert sind, ist es wichtig, relevante Key Performance Indicators (KPIs) auszuwählen, die die Erreichung dieser Ziele messen. Wenn das Ziel beispielsweise darin besteht, das Engagement zu steigern, könnten KPIs die Anzahl der Shares, Kommentare und Likes umfassen.

Die Web-Traffic-Analyse ist ein entscheidender Aspekt bei der Messung der Wirksamkeit. Webanalysetools wie Google Analytics liefern detaillierte Daten zur Anzahl der Besucher, Sitzungsdauer, Absprungraten und Benutzerreisen durch die Website. Diese Daten helfen zu verstehen, wie Benutzer mit Inhalten interagieren und welche Inhalte die Aufmerksamkeit der Besucher auf sich ziehen und binden.

Das Engagement in sozialen Medien ist ein weiterer wichtiger Indikator für die Wirksamkeit von Inhalten. Social-Media-Plattformen bieten ihre eigenen Analysetools an, um die Benutzerinteraktion mit Inhalten zu verfolgen, einschließlich Likes, Shares, Kommentaren und Ansichten. Anhand dieser Kennzahlen lässt sich beurteilen, wie gut Inhalte beim Publikum ankommen und wie gut sie zur Interaktion anregen.

Lead-Generierung und -Konvertierung sind ebenfalls wesentliche Indikatoren für die Wirksamkeit, insbesondere für Marken, die sich auf Geschäftsergebnisse konzentrieren. Dabei geht es darum, zu verfolgen, wie Inhalte dazu beitragen, Besucher in Leads oder Kunden umzuwandeln. Die Verwendung von Formularen zur Lead-Erfassung, spezifische Zielseiten und das Tracking von Conversions sind wirksame Methoden, um diesen Aspekt zu messen.

Abschließend ist es wichtig, eine qualitative Inhaltsanalyse durchzuführen. Dazu gehört das Sammeln von Nutzerfeedback, das Analysieren von Kommentaren und das Bewerten der Markenwahrnehmung. Diese qualitativen Erkenntnisse können quantitative Daten ergänzen und ein tieferes Verständnis der Wirkung von Inhalten ermöglichen.

Zusammenfassend lässt sich sagen, dass die Messung der Content-Marketing-Effektivität im Jahr 2024 einen ganzheitlichen Ansatz erfordert, der quantitative und qualitative Analysen kombiniert. Durch die Festlegung klarer Ziele, die Auswahl der richtigen KPIs und den Einsatz verschiedener Tools und Methoden zur Leistungsanalyse können Marken ein tiefes Verständnis für die Wirksamkeit ihrer Inhalte gewinnen und diese optimieren, um ihre Marketingziele zu erreichen.

2.2 Storytelling und Personal Branding

2.2.1 Die Kunst des Geschichtenerzählens

Im Jahr 2024 ist die Kunst des Storytellings zu einem zentralen Element des Personal Branding und Content Marketings geworden. Storytelling oder die Kunst, Geschichten zu erzählen, ist eine wirkungsvolle Technik, die es Marken und Einzelpersonen ermöglicht, eine emotionale Verbindung zu ihrem Publikum herzustellen, Botschaften auf einprägsame Weise zu vermitteln und in einer gesättigten Medienlandschaft hervorzustechen.

Effektives Geschichtenerzählen basiert auf der Schaffung einer Erzählung, die beim Publikum Anklang findet. Dabei geht es darum, Geschichten rund um Werte, Erfahrungen und Emotionen zu weben, die für die Zielgruppe von Bedeutung sind. Eine gute Geschichte sollte einen fesselnden Anfang, eine fesselnde Entwicklung und einen zufriedenstellenden Schluss haben. Es muss authentisch und kreativ sein und vor allem die Wahrheit und Werte der Marke oder Person widerspiegeln.

Im Kontext des Personal Branding ist Storytelling besonders wirkungsvoll. Es ermöglicht

Einzelpersonen, ihre Reise, Herausforderungen, Erfolge und Lektionen auf eine Art und Weise zu teilen, die ihr Publikum inspiriert, bildet und eine tiefe Verbindung zu ihm herstellt. Ganz gleich, ob ein Unternehmer seine Geschichte erzählt, wie er sein Unternehmen gegründet hat, ein Künstler, der seine Inspirationen bespricht, oder ein Fachmann, der seine einzigartige Herangehensweise an sein Fachgebiet erklärt: Persönliches Geschichtenerzählen kann die Art und Weise verändern, wie andere eine Person und ihre Marke wahrnehmen.

Auch Marken nutzen Storytelling, um ihre Mission und Werte zum Leben zu erwecken. Anstatt sich ausschließlich auf die Merkmale oder Vorteile ihrer Produkte oder Dienstleistungen zu konzentrieren, erzählen sie Geschichten, die den Einfluss ihrer Marke auf das Leben der Menschen veranschaulichen. Dazu können Geschichten von zufriedenen Kunden, Geschichten hinter dem Design eines Produkts oder Initiativen gehören, die das Engagement der Marke für soziale oder ökologische Anliegen zeigen.

Storytelling im Content-Marketing manifestiert sich in verschiedenen Formaten – Blogs, Videos, Podcasts, soziale Netzwerke und sogar Augmented und Virtual Reality. Jedes Format bietet eine einzigartige Möglichkeit, Geschichten zu erzählen und das Publikum zu erreichen. Beispielsweise kann ein Video visuelle und akustische Emotionen einfangen, während ein Blog detaillierteres und nachdenklicheres Geschichtenerzählen bieten kann.

Schließlich wird die Kunst des Geschichtenerzählens im Jahr 2024 durch den Einsatz von Daten und Analysen verbessert, um zu verstehen, was beim Publikum ankommt. Marken und Einzelpersonen können Benutzerfeedback und Interaktionen nutzen, um ihre Geschichten zu verfeinern und sie relevanter und wirkungsvoller zu machen.

Zusammenfassend lässt sich sagen, dass die Kunst des Geschichtenerzählens eine wesentliche Fähigkeit in der Welt des Marketings und des Personal Brandings im Jahr 2024 ist. Sie trägt dazu bei, emotionale Verbindungen herzustellen, die Markentreue zu stärken und Botschaften auf kraftvolle und einprägsame Weise zu kommunizieren. . Gut erzählte Geschichten haben die Kraft, das Publikum zu fesseln, Empathie zu wecken und einen bleibenden Eindruck zu hinterlassen.

2.2.2 Aufbau einer persönlichen Marke

Im Jahr 2024 ist der Aufbau einer persönlichen Marke zu einem unverzichtbaren Prozess für Fachleute aller Branchen geworden. Eine starke persönliche Marke hilft Ihnen, sich in einem wettbewerbsintensiven Markt abzuheben, einen Ruf für Fachwissen aufzubauen und Karriere- oder Geschäftsmöglichkeiten zu schaffen. Der Prozess des Aufbaus einer persönlichen Marke geht über die einfache Eigenwerbung hinaus; Es geht darum, ein authentisches und kohärentes Bild von sich selbst zu definieren und zu kommunizieren.

Der erste Schritt beim Aufbau einer persönlichen Marke ist die Selbstreflexion. Es ist entscheidend, Ihre eigenen einzigartigen Werte, Leidenschaften, Fähigkeiten und Ziele zu verstehen. Dieses Verständnis hilft dabei, zu definieren, was eine Person auszeichnet, was sie anbieten kann und welche Botschaft sie vermitteln möchte. Es geht darum, eine „persönliche Geschichte" zu erstellen, die nicht nur berufliche Fähigkeiten, sondern auch Persönlichkeitsmerkmale, Lebenserfahrungen und Motivationen widerspiegelt.

Sobald diese Grundlage geschaffen ist, ist es wichtig, diese persönliche Marke konsistent über verschiedene Kanäle zu kommunizieren. Dazu gehören professionelle soziale Netzwerke wie LinkedIn, Content-Plattformen wie Blogs oder YouTube sowie Netzwerkinteraktionen. Jeder Publikumskontaktpunkt sollte das persönliche Branding stärken. In sozialen Medien ist es beispielsweise wichtig, Inhalte zu teilen, die das Fachwissen und die Interessen des Einzelnen widerspiegeln, und gleichzeitig aktiv mit der Community zusammenzuarbeiten, um Beziehungen und Glaubwürdigkeit aufzubauen.

Die Erstellung von Inhalten ist ein wichtiger Bestandteil beim Aufbau einer persönlichen Marke. Durch den Austausch von Wissen, Ideen und Erfahrungen in Artikeln, Videos, Podcasts oder Social-Media-Beiträgen kann eine Person ihr Fachwissen und ihre Leidenschaft unter Beweis stellen. Dieser Inhalt sollte von hoher Qualität sein, für die Zielgruppe relevant und der Stimme und dem Stil der Person entsprechen.

Networking spielt auch eine entscheidende Rolle beim Aufbau einer persönlichen Marke. Dazu gehört der Kontakt zu Fachleuten derselben Branche, die Teilnahme an Branchenveranstaltungen und die Zusammenarbeit mit anderen Fachleuten. Networking ermöglicht es Ihnen nicht nur, sich bekannt zu machen, sondern auch von anderen zu lernen, Sichtbarkeit zu erlangen und Möglichkeiten zur Zusammenarbeit zu schaffen.

Schließlich ist es wichtig, authentisch zu bleiben und eine konsistente Online-Präsenz zu pflegen. Die persönliche Marke sollte eine echte Widerspiegelung des Individuums sein und keine Fassade, die geschaffen wurde, um zu beeindrucken. Authentizität schafft Vertrauen und Loyalität und trägt zum Aufbau dauerhafter Beziehungen zum Publikum bei.

Zusammenfassend lässt sich sagen, dass der Aufbau einer persönlichen Marke im Jahr 2024 ein strategischer Prozess ist, bei dem es darum geht, Ihren einzigartigen Wert zu verstehen und zu kommunizieren, relevante Inhalte zu erstellen und zu teilen, sich aktiv zu vernetzen und eine konsistente Authentizität aufrechtzuerhalten.

Eine starke persönliche Marke kann Türen öffnen, Glaubwürdigkeit schaffen und die berufliche Laufbahn einer Person nachhaltig beeinflussen.

2.2.3 Erfolgsbeispiele

Im Jahr 2024 gibt es viele Beispiele für den bemerkenswerten Erfolg beim Aufbau persönlicher Marken und effektivem Storytelling. Diese Beispiele dienen als inspirierende Modelle für diejenigen, die ihre eigene persönliche Marke etablieren oder ihre Content-Strategie verbessern möchten.

Ein prominentes Beispiel ist ein Technologieunternehmer, der seinen Blog und seinen YouTube-Kanal nutzte, um seine Reise zum Wachstum seines Startups zu teilen. Indem er die Höhen und Tiefen seiner unternehmerischen Erfahrung dokumentierte, etablierte er nicht nur seinen Ruf als Experte auf dem Gebiet der Technologie, sondern schuf auch eine treue Gemeinschaft von Anhängern und zukünftigen Unternehmern. Seine Videos, die praktische Ratschläge, gewonnene Erkenntnisse und persönliche Einblicke vereinen, haben ein breites Publikum angezogen und zu Mentoring-Möglichkeiten, Partnerschaften und sogar Finanzierungsangeboten für seine Projekte geführt.

Ein weiteres Beispiel ist ein Ernährungsberater, der Instagram und einen Blog nutzte, um Ernährungstipps, gesunde Rezepte und Wellnessinformationen zu teilen. Durch einen authentischen Ansatz und das Teilen ihrer eigenen Erfahrungen mit gesundheitlichen Herausforderungen konnte sie eine tiefe Verbindung zu ihrem Publikum aufbauen. Seine Fähigkeit, komplexe Informationen auf zugängliche und ansprechende Weise darzustellen, hat ihm eine große Fangemeinde sowie Kooperationen mit Gesundheits- und Wellnessmarken eingebracht.

Im Kunstbereich hat ein Fotograf die sozialen Netzwerke hervorragend genutzt, um seine Arbeiten auszustellen. Indem er die Geschichte hinter jedem Foto, seine Techniken und Inspirationen teilte, stellte er nicht nur sein künstlerisches Können zur Schau, sondern schuf auch eine fesselnde Erzählung, die die Aufmerksamkeit von Kunstgalerien und Sammlern auf sich zog. Sein geschickter Einsatz des visuellen Geschichtenerzählens verwandelte sein Portfolio in ein immersives Erlebnis und steigerte seine Sichtbarkeit und Anerkennung in der Kunstwelt.

Ein persönlicher Entwicklungscoach demonstrierte auch die starke Wirkung des Geschichtenerzählens auf den Aufbau seiner Marke. Indem er seine persönlichen Erfahrungen bei der Überwindung von Hindernissen teilt und in Podcasts und Online-Seminaren praktische Ratschläge gibt, hat er eine starke

Marke aufgebaut, die auf Inspiration und Selbstbestimmung basiert. Sein persönlicher und aufrichtiger Ansatz hat vielen Menschen geholfen, ihre persönlichen und beruflichen Ziele zu erreichen, und seinen Ruf als einflussreicher Trainer weiter gefestigt.

Diese Beispiele zeigen, dass der Erfolg beim Aufbau einer persönlichen Marke und beim Geschichtenerzählen nicht nur von Fachwissen in einem bestimmten Bereich abhängt, sondern auch von der Fähigkeit, authentisch zu kommunizieren, emotionale Verbindungen herzustellen und dem Publikum Einblicke zu bieten. Ob über soziale Medien, Blogs, Videos oder Podcasts – effektives Storytelling und eine klar definierte persönliche Marke können Türen zu neuen Möglichkeiten öffnen und in jedem Bereich eine dauerhafte und einflussreiche Präsenz aufbauen.

2.2.4 Werkzeuge und Techniken

Im Jahr 2024 steht eine Vielzahl von Tools und Techniken zur Verfügung, die dabei helfen, eine persönliche Marke aufzubauen und zu stärken und die Kunst des Geschichtenerzählens zu meistern. Diese Ressourcen sind unerlässlich, um sich in der komplexen digitalen Landschaft zurechtzufinden und sicherzustellen, dass Branding- und Kommunikationsbemühungen effektiv und wirkungsvoll sind.

Social-Media-Plattformen bleiben wichtige

Instrumente für Personal Branding und Storytelling. Jede Plattform, ob LinkedIn, Instagram, Twitter oder TikTok, bietet einzigartige Funktionen, die zur Erreichung bestimmter Ziele genutzt werden können. LinkedIn beispielsweise eignet sich hervorragend für professionelles Networking und den Austausch branchenbezogener Inhalte, während Instagram und TikTok sich hervorragend für visuelles und kreatives Storytelling eignen. Die strategische Nutzung dieser Plattformen erfordert das Verständnis ihrer Algorithmen, die Nutzung ihrer Analysetools zur Messung des Engagements und die Erstellung von Inhalten, die auf die jeweilige Zielgruppe zugeschnitten sind.

Tools zur Inhaltserstellung wie Canva, Adobe Creative Suite und Videobearbeitungssoftware wie Final Cut Pro oder Adobe Premiere Pro sind für die Produktion hochwertiger Bilder und Videos unerlässlich. Mit diesen Tools können Sie attraktive Designs, Infografiken und fesselnde Videos erstellen, die die visuelle Wirkung des Geschichtenerzählens verbessern und Inhalte ansprechender gestalten können.

Blogging-Plattformen wie WordPress und Medium bieten die Möglichkeit, ausführlichere Geschichten und Feature-Artikel zu teilen. Sie sind besonders nützlich, um Fachwissen in einem bestimmten Bereich aufzubauen und detaillierte Informationen bereitzustellen, die in den sozialen Medien nicht vollständig erforscht werden können.

Für Networking und Beziehungsaufbau sind Tools wie LinkedIn Sales Navigator und Customer-Relationship-Management-Plattformen (CRM) wertvoll. Sie ermöglichen es Ihnen, Interaktionen mit Kontakten zu verfolgen und zu analysieren, neue Networking-Möglichkeiten zu identifizieren und berufliche Beziehungen zu pflegen.

Darüber hinaus sind Analyse- und Tracking-Tools wie Google Analytics, Hootsuite oder Buffer von entscheidender Bedeutung für die Messung der Wirksamkeit von Inhalten und Personal Branding. Diese Tools bieten Einblicke in den Webverkehr, das Engagement in sozialen Medien und die Leistung von Inhalten und ermöglichen die Anpassung von Strategien zur Maximierung der Wirkung.

Podcasts und Webinare sind ebenfalls effektive Techniken für Storytelling und Personal Branding. Sie bieten eine Möglichkeit, Wissen, Ideen und Geschichten auf persönliche und ansprechende Weise auszutauschen. Insbesondere Podcasts erfreuen sich zunehmender Beliebtheit, da sie eine Möglichkeit darstellen, ein treues Publikum aufzubauen und in einem bestimmten Bereich präsent zu sein.

Zusammenfassend lässt sich sagen, dass Fachleuten im Jahr 2024 eine Vielzahl von Tools und Techniken zur Verfügung stehen, um ihre persönliche Marke und ihr Storytelling aufzubauen und zu stärken. Die effektive

Nutzung dieser Ressourcen erfordert ein klares Verständnis der Markenziele, Kenntnisse über verschiedene Plattformen und Technologien sowie die Fähigkeit, Inhalte zu erstellen, die bei der Zielgruppe Anklang finden. Mit den richtigen Tools und Techniken ist es möglich, eine starke persönliche Marke und überzeugendes Storytelling zu schaffen, die Türen zu neuen Möglichkeiten öffnen und in jedem Bereich eine einflussreiche Präsenz aufbauen kann.

2.3 Videomarketing

2.3.1. Bedeutung von Videomarketing

Im Jahr 2024 hat sich Videomarketing als entscheidendes Element jeder digitalen Marketingstrategie etabliert und spielt eine zentrale Rolle bei der Art und Weise, wie Marken mit ihrem Publikum kommunizieren. Die Bedeutung des Videomarketings ergibt sich aus seiner Fähigkeit, Aufmerksamkeit zu fesseln, komplexe Botschaften prägnant und ansprechend zu vermitteln und ein tiefes emotionales Engagement zu erzeugen.

Einer der Hauptgründe für die zunehmende Bedeutung des Videomarketings ist seine Fähigkeit, in einer überfüllten digitalen Umgebung Aufmerksamkeit zu erregen. Angesichts der Fülle an online verfügbaren Inhalten zeichnen sich Videos durch ihre Dynamik und die Fähigkeit aus, Geschichten visuell und akustisch zu erzählen. Sie bieten ein immersiveres Erlebnis als herkömmliche Inhaltsformate wie Text oder Bilder und sind daher besonders effektiv darin, das Interesse des Betrachters zu wecken und aufrechtzuerhalten.

Darüber hinaus sind Videos eine äußerst vielseitige Möglichkeit, Informationen zu kommunizieren. Sie können für eine Vielzahl von Zwecken eingesetzt werden, von der Produkt- oder Dienstleistungswerbung bis hin zur Verbraucheraufklärung, dem Markenaufbau und dem Engagement in der Gemeinschaft. Videos helfen dabei, komplexe Konzepte einfach und verständlich darzustellen und eignen sich daher ideal zur Erklärung technischer Produkte, zur Demonstration von Abläufen oder zum Erzählen einer Markengeschichte.

Auch die emotionale Wirkung von Videos ist ein entscheidender Faktor für deren Wirksamkeit. Videos können Elemente wie Musik, Dialoge, Mimik und Körpersprache nutzen, um eine emotionale Verbindung zum Betrachter herzustellen. Diese Fähigkeit, Emotionen hervorzurufen, verstärkt die Wirkung der Botschaft und kann zu größerer Markentreue und erhöhtem Engagement führen.

Darüber hinaus profitiert das Videomarketing von der einfachen Weitergabe in sozialen Medien und anderen Online-Plattformen. Videos werden oft eher geteilt als andere Arten von Inhalten, was ihre Reichweite und ihr virales Potenzial erhöht. Diese Funktion macht sie besonders wertvoll für Kampagnen, die darauf abzielen, die Markenbekanntheit zu steigern oder ein großes Publikum zu erreichen.

Schließlich haben sich weiterentwickelnde Technologien die Videoproduktion zugänglicher und erschwinglicher gemacht. Mit dem Aufkommen hochwertiger Smartphones, Videobearbeitungssoftware und Live-Streaming-Plattformen ist es für Marken jeder Größe einfacher geworden, Videoinhalte zu erstellen und zu verbreiten. Diese Zugänglichkeit hat die Tür zu mehr Kreativität und Innovation im Bereich Videomarketing geöffnet.

Zusammenfassend lässt sich sagen, dass die Bedeutung des Videomarketings im Jahr 2024 in seiner Fähigkeit liegt, Aufmerksamkeit zu erregen, effektiv zu kommunizieren, eine emotionale Verbindung herzustellen, zum Teilen zu ermutigen und sich an verschiedene Marketingziele anzupassen. Marken, die Videomarketing erfolgreich in ihre Gesamtstrategie integrieren, können mit einer deutlichen Verbesserung des Engagements, der Bekanntheit und der Wirkung ihrer Kommunikation rechnen.

2.3.2. Video-Content-Strategien

Im Jahr 2024 ist die Entwicklung effektiver Video-

Content-Strategien zu einem wesentlichen Aspekt des digitalen Marketings geworden. Da der Online-Videokonsum stetig zunimmt, müssen Marken innovative und zielgerichtete Ansätze verfolgen, um sich von der Masse abzuheben und ihr Publikum anzusprechen. Der Schlüssel zum Erfolg liegt in der Erstellung von Videoinhalten, die nicht nur fesseln, sondern auch mit den Zielen und Werten der Marke übereinstimmen.

Der erste Schritt bei der Entwicklung einer Video-Content-Strategie ist die Festlegung klarer Ziele. Diese Ziele können von der Steigerung der Markenbekanntheit, der Einbindung des Publikums, der Lead-Generierung oder der Umsatzkonvertierung reichen. Ein klares Verständnis der Ziele hilft dabei, die Art der zu produzierenden Videoinhalte zu bestimmen, egal ob es sich um pädagogische Tutorials, Kundenreferenzen, Produktdemos oder inspirierende Markengeschichten handelt.

Sobald die Ziele definiert sind, ist es entscheidend, die Zielgruppe zu verstehen. Dazu gehört es, ihre Vorlieben, ihr Content-Konsumverhalten und die von ihnen genutzten Plattformen zu kennen. Beispielsweise könnten kurze, dynamische Videos auf Plattformen wie TikTok oder Instagram ein jüngeres Publikum stärker fesseln, während ein professionelles Publikum ausführliche Webinare oder Fallstudien auf LinkedIn oder YouTube bevorzugen könnte.

Auch die Diversifizierung der Videoformate ist

ein wichtiger Bestandteil einer erfolgreichen Video-Content-Strategie. Marken sollten eine Vielzahl von Formaten ausprobieren, etwa Live-Videos, Animationen, Interviews, Erklärvideos und visuelles Storytelling. Jedes Format hat seine eigenen Stärken und kann genutzt werden, um unterschiedliche Aspekte der Marke zu kommunizieren oder unterschiedliche Ziele zu erreichen.

Die Qualität der Inhalte ist ein weiterer entscheidender Faktor. Im Jahr 2024 sind die Standards bei der Videoproduktion hoch und das Publikum erwartet optisch ansprechende und technisch gut produzierte Inhalte. Das bedeutet nicht unbedingt, dass für jedes Video ein hohes Produktionsbudget erforderlich ist, aber es sollte gut gestaltet sein, mit guter Beleuchtung, klarem Ton und einer zusammenhängenden Erzählung.

Auch die Optimierung von Videos für SEO (SEO) ist unerlässlich. Dazu gehört die Verwendung relevanter Schlüsselwörter in Titeln, Beschreibungen und Tags sowie die Optimierung für mobile Suchen und verschiedene Social-Media-Plattformen. SEO trägt dazu bei, dass Videos für Zielgruppen leicht auffindbar sind.

Schließlich ist die Messung und Analyse der Videoleistung unerlässlich, um die Strategie für Videoinhalte zu verfeinern. Marken sollten Kennzahlen wie Aufrufe, Engagement-Rate, Wiedergabezeit und Conversions verfolgen, um die Wirksamkeit ihrer Videos zu bewerten.

Diese Daten helfen dabei, zukünftige Ansätze anzupassen und sicherzustellen, dass Videos weiterhin den Bedürfnissen und Interessen des Publikums entsprechen.

Zusammenfassend lässt sich sagen, dass eine effektive Video-Content-Strategie im Jahr 2024 sorgfältige Planung, Verständnis des Publikums, Formatdiversifizierung, hochwertige Produktion, Optimierung für SEO und kontinuierliche Leistungsanalyse erfordert. Durch die Übernahme dieser Ansätze können Marken Videos erstellen, die nicht nur fesseln und fesseln, sondern auch erheblich zu ihren allgemeinen Marketingzielen beitragen.

2.3.3. Plattformen und Formate

Im Jahr 2024 hat sich die Landschaft der Videomarketing-Plattformen und -Formate erheblich diversifiziert und bietet Marken eine Vielzahl von Möglichkeiten, ihr Publikum zu erreichen und einzubinden. Jede Plattform verfügt über einzigartige Eigenschaften und spezifische Formate, die für unterschiedliche Arten von Inhalten und Zielgruppen geeignet sind. Um die Wirkung von Videomarketingstrategien zu maximieren, ist es wichtig, diese Nuancen zu verstehen.

Dank seines großen Publikums und der fortschrittlichen SEO-Funktionen dominiert YouTube weiterhin als bevorzugte

Videomarketing-Plattform. Dies ist ein großartiger Ort für längere, ausführliche Videos wie Tutorials, Produktdemos oder Webinare. YouTube eignet sich auch für Marken-Storytelling und Videoserien und bietet Marken Raum für tiefgründiges und fesselndes Storytelling.

Instagram ist mit seinem Fokus auf visuelle Elemente perfekt für kurze, ausdrucksstarke Videos. Instagram Stories und Reels bieten dynamische Formate für schnelle, ansprechende Inhalte, ideal, um die Aufmerksamkeit eines jüngeren Publikums zu erregen. Diese Formate eignen sich hervorragend für Produktvorschauen, Blicke hinter die Kulissen oder die Zusammenarbeit mit Influencern.

TikTok hat mit seinem kurzen, viralen Videoformat die Videolandschaft revolutioniert. Es ist eine wichtige Plattform, um die Generation Z zu erreichen und Inhalte zu erstellen, die schnell viral gehen können. Marken nutzen TikTok für Herausforderungen, Tanztrends und kreatives Storytelling, das das Engagement der Benutzer und die Erstellung von benutzergenerierten Inhalten fördert.

LinkedIn hat sich als führende Plattform für professionelle und B2B-Videoinhalte etabliert. Videos auf LinkedIn eignen sich ideal für den Austausch von Experteneinblicken, Fallstudien und Bildungsinhalten, die die Glaubwürdigkeit und Autorität einer Marke in einem beruflichen Kontext stärken.

Außerhalb dieser Kernplattformen bieten andere neue Optionen einzigartige Möglichkeiten. Beispielsweise eröffnen Plattformen wie Twitch oder Augmented-/Virtual-Reality-Anwendungen neue Wege für immersive und interaktive Erlebnisse.

Die Formate reichen von Live-Videos, die eine Echtzeitinteraktion mit dem Publikum ermöglichen, bis hin zu 360°-Videos, die ein immersives Erlebnis bieten. Auch animierte Videos erfreuen sich großer Beliebtheit, um komplexe Sachverhalte einfach und optisch ansprechend zu erklären.

Zusammenfassend lässt sich sagen, dass im Jahr 2024 die Wahl der Videomarketing-Plattform und des Formats auf die Markenziele, die Inhaltsbotschaft und die Vorlieben der Zielgruppe abgestimmt sein muss. Eine erfolgreiche Videomarketingstrategie umfasst häufig eine Kombination mehrerer Plattformen und Formate, die jeweils zu einem anderen Aspekt des Marken-Storytellings und der Einbindung des Publikums beitragen. Durch die kluge Nutzung dieser verschiedenen Optionen können Marken dynamischere, zielgerichtetere und effektivere Videomarketingkampagnen erstellen.

2.3.4 Wirkungsmessung und ROI

Im Jahr 2024 ist die Messung der Wirkung und des Return on Investment (ROI) von

Videomarketingkampagnen zur Standardpraxis für Unternehmen geworden, die die Wirksamkeit ihrer digitalen Strategien bewerten möchten. Um Investitionen zu rechtfertigen und zukünftige strategische Entscheidungen zu treffen, ist es von entscheidender Bedeutung, den wahren Einfluss von Videos auf Geschäfts- und Marketingziele zu verstehen.

Der erste Schritt zur Messung der Wirkung von Videos besteht darin, Key Performance Indicators (KPIs) zu definieren, die auf die spezifischen Kampagnenziele abgestimmt sind. Diese KPIs können Metriken wie die Anzahl der Aufrufe, die Engagement-Rate (Likes, Kommentare, Shares), die Wiedergabedauer und die Klickrate bei eingebetteten Links umfassen. Für Conversion-fokussierte Kampagnen sind auch KPIs wie Conversion-Rate, Anzahl der generierten Leads oder direkt dem Video zurechenbare Umsätze wichtig.

Durch die Analyse dieser KPIs können Marken nicht nur verstehen, wie viele Menschen das Video gesehen haben, sondern auch, wie sie damit interagiert haben. Beispielsweise könnte eine hohe Aufrufrate, aber eine niedrige Engagement-Rate darauf hindeuten, dass das Video Aufmerksamkeit erregt, aber nicht zum Handeln anregt. Ebenso kann eine hohe Anzahl an Klicks auf einen eingebetteten Link auf ein starkes Interesse an dem vorgestellten Produkt oder der vorgestellten Dienstleistung hinweisen.

Um den ROI zu messen, ist es wichtig, diese KPIs mit den tatsächlichen Kosten der Videoproduktion und -verteilung in Beziehung zu setzen. Dazu gehört die Berücksichtigung der kreativen Kosten, einschließlich Produktion, Bearbeitung und eventuell an Influencer oder Agenturen gezahlte Honorare. Durch den Vergleich dieser Kosten mit dem generierten Umsatz oder dem Wert der gewonnenen Leads können Unternehmen einen genauen ROI berechnen und die finanzielle Wirksamkeit ihrer Videokampagnen nachvollziehen.

Fortschrittliche Analysetools spielen eine entscheidende Rolle bei der Messung von Wirkung und ROI. Plattformen wie Google Analytics, integrierte Social-Media-Analysetools und spezielle Videomarketing-Software bieten detaillierte Einblicke in die Videoleistung. Diese Tools verfolgen nicht nur Standard-KPIs, sondern ermöglichen auch tiefergehende Analysen, wie z. B. User Journey Tracking, Multi-Touch-Attribution und Analyse des Zuschauerverhaltens.

Schließlich ist es wichtig, bei der Messung der Wirkung von Videos einen ganzheitlichen Ansatz zu verfolgen. Dies bedeutet, dass nicht nur quantitative Kennzahlen berücksichtigt werden, sondern auch qualitative Auswirkungen, wie z. B. die Verbesserung der Markenbekanntheit, der Markenwahrnehmung der Verbraucher und die Ausrichtung von Videoinhalten auf Markenwerte. Diese qualitativen Aspekte sind zwar schwieriger zu messen, aber wichtig, um die volle Wirkung von Videos auf die gesamte Marketingstrategie zu verstehen.

Zusammenfassend lässt sich sagen, dass die Messung der Wirkung und des ROI von Videomarketingkampagnen im Jahr 2024 eine Kombination aus KPI-Tracking, Kostenanalyse, Einsatz fortschrittlicher Analysetools und ganzheitlicher Bewertung der qualitativen Wirkung erfordert. Mit diesem umfassenden Ansatz können Unternehmen nicht nur ihre Videomarketing-Investitionen rechtfertigen, sondern auch ihre Strategien verfeinern, um die zukünftige Wirkung zu maximieren.

KAPITEL 3: NEUE TECHNOLOGIEN UND DIGITALES MARKETING

„Die Leute glauben nicht an das, was Sie tun, sie glauben daran, warum Sie es tun."

Simon Sinek

In 3.1 Künstliche Intelligenz und Automatisierung

3.1.1 KI im digitalen Marketing

Im Jahr 2024 hat die Integration künstlicher Intelligenz (KI) in das digitale Marketing die Art und Weise revolutioniert, wie Unternehmen mit ihren Kunden interagieren und ihre Marketingstrategien optimieren. KI hat mit seinen fortschrittlichen Datenanalyse-, maschinellen

Lern- und Automatisierungsfunktionen neue Wege für Personalisierung, Effizienz und Innovation im digitalen Marketing eröffnet.

Einer der Bereiche, die im digitalen Marketing am stärksten von KI betroffen sind, ist die Personalisierung im großen Maßstab. Durch komplexe Datenanalyse und Verarbeitung natürlicher Sprache ermöglicht KI Marken, hochgradig personalisierte Benutzererlebnisse zu schaffen. Dies äußert sich in Produktempfehlungen auf E-Commerce-Websites, personalisierten Inhalten in Marketing-E-Mails und gezielter Werbung in sozialen Medien. Durch das Verständnis von Benutzerpräferenzen und -verhalten hilft KI Marken dabei, die richtige Botschaft zur richtigen Zeit an den richtigen Benutzer zu übermitteln und so das Engagement und die Konversion zu steigern.

Automatisierung, unterstützt durch KI, ist ein weiterer Schlüsselbereich. Wiederkehrende und zeitaufwändige Aufgaben wie die Kundensegmentierung, das Versenden von E-Mails und die Verwaltung von Werbekampagnen können mithilfe von KI automatisiert werden. Dadurch gewinnen Marketingteams wertvolle Zeit und können sich auf strategischere und kreativere Aspekte des Marketings konzentrieren. Darüber hinaus verbessert die Automatisierung die Effizienz und Konsistenz von Marketingkampagnen, reduziert menschliche Fehler und sorgt für eine schnelle und genaue

Ausführung.

Auch bei Predictive Analytics spielt KI eine entscheidende Rolle. Durch die Analyse riesiger Datensätze kann KI Trends erkennen, Verbraucherverhalten vorhersagen und zukünftige Marktbedürfnisse antizipieren. Diese Fähigkeit ermöglicht es Unternehmen, proaktive, fundierte Entscheidungen zu treffen, innovative Produkte zu entwickeln und Marketingkampagnen zu erstellen, die den sich ändernden Verbrauchererwartungen gerecht werden.

Darüber hinaus verbessert KI das Kundenerlebnis durch Chatbots und virtuelle Assistenten. Diese auf KI basierenden Tools bieten Echtzeitunterstützung, beantworten Kundenfragen und bieten personalisierten Support. Diese sofortige, personalisierte Interaktion verbessert die Kundenzufriedenheit und stärkt die Markentreue.

Schließlich hilft KI dabei, Marketingkampagnen in Echtzeit zu optimieren. Durch maschinelles Lernen können KI-Systeme kontinuierlich aus vergangenen Interaktionen lernen und Marketingstrategien anpassen, um die Effektivität zu maximieren. Ganz gleich, ob es um die Anpassung von Geboten für Online-Anzeigen oder die Änderung von Kampagneninhalten auf der Grundlage von Nutzerfeedback geht – KI sorgt dafür, dass Kampagnen relevant und erfolgreich bleiben.

Zusammenfassend lässt sich sagen, dass die Integration von KI in das digitale Marketing im Jahr 2024 die Art und Weise, wie Unternehmen an das Marketing herangehen, verändert hat. Durch die Bereitstellung fortschrittlicher Personalisierung, Automatisierung, prädiktiver Analysen, Verbesserung des Kundenerlebnisses und Echtzeitoptimierungsfunktionen ist KI zu einem unverzichtbaren Werkzeug für Vermarkter geworden, die in einem sich ständig weiterentwickelnden digitalen Umfeld wettbewerbsfähig bleiben möchten.

3.1.2 Personalisierung und KI

Im Jahr 2024 hat die Personalisierung im digitalen Marketing dank der fortgeschrittenen Integration künstlicher Intelligenz (KI) neue Höhen erreicht. KI hat die Personalisierung auf einer viel tieferen und ausgefeilteren Ebene ermöglicht, die Art und Weise verändert, wie Marken mit ihren Kunden interagieren und ein hochgradig personalisiertes und relevantes Benutzererlebnis bieten.

KI ermöglicht es Unternehmen, riesige Datenmengen über Benutzerverhalten, Präferenzen und Interaktionen zu sammeln und zu analysieren. Diese umfassende Analysefunktion ermöglicht es Ihnen, detaillierte Benutzerprofile zu erstellen und die Nuancen der Bedürfnisse und Wünsche jedes Einzelnen zu verstehen. Mithilfe dieser Informationen können

Marken ihre Botschaften, Angebote und Inhalte für jeden Benutzer viel präziser und relevanter personalisieren.

Beispielsweise wird im E-Commerce KI eingesetzt, um personalisierte Produkte zu empfehlen. Durch die Analyse des Surfverhaltens, früherer Käufe und Produktinteraktionen können KI-Systeme Artikel vorschlagen, die dem individuellen Geschmack und den Vorlieben der Kunden entsprechen. Dieser Ansatz beschränkt sich nicht auf Produktempfehlungen; Es erstreckt sich auch auf die Personalisierung des gesamten Surferlebnisses, einschließlich des Seitenlayouts, der angezeigten Werbeaktionen und sogar der E-Mail-Kommunikation.

Bei Inhalten ermöglicht KI eine dynamische Inhaltspersonalisierung. KI-Systeme können den auf einer Website oder App angezeigten Inhalt basierend auf Benutzerinteraktionen in Echtzeit anpassen. Dies bedeutet, dass jeder Benutzer ein einzigartiges und personalisiertes Inhaltserlebnis erhält, was das Engagement und die Relevanz erhöht.

Auch bei der Personalisierung von Werbekampagnen spielt KI eine Schlüsselrolle. Durch die Analyse von Demografie, Interessen und Online-Verhalten kann KI dazu beitragen, Anzeigen präziser auszurichten und sicherzustellen, dass Nachrichten die Personen erreichen, die am wahrscheinlichsten interessiert sind. Diese zielgerichtete Ansprache verbessert nicht nur die Effektivität von Werbekampagnen, sondern reduziert auch die Verschwendung von Werberessourcen.

Darüber hinaus verbessert KI das Kundenerlebnis durch personalisierte Interaktionen. KI-gestützte Chatbots und virtuelle Assistenten können personalisierten Kundensupport bieten, indem sie spezifische Fragen der Kunden beantworten und Empfehlungen basierend auf ihren Vorlieben und ihrer Kaufhistorie anbieten.

Zusammenfassend lässt sich sagen, dass die Personalisierung dank KI im Jahr 2024 das digitale Marketing tiefgreifend verändert hat. Es ermöglicht Marken, einzigartige und relevante Benutzererlebnisse zu schaffen, die Kundenbindung und -zufriedenheit zu verbessern und die Wirksamkeit von Marketingkampagnen zu optimieren. Diese fortschrittliche Personalisierung kommt Marken nicht nur im Hinblick auf höhere Konversionen und Kundentreue zugute, sondern verbessert auch das gesamte Benutzererlebnis erheblich.

3.1.3 Marketingautomatisierung

Im Jahr 2024 ist Marketingautomatisierung zu einem grundlegenden Bestandteil digitaler Marketingstrategien geworden und ermöglicht es Unternehmen jeder Größe, ihre Marketingbemühungen zu optimieren, die Effizienz zu verbessern und Kundeninteraktionen in einem noch nie dagewesenen Ausmaß zu personalisieren. Marketing-Automatisierung nutzt fortschrittliche Technologien, um Marketingaufgaben systematisch und effizient zu verwalten und auszuführen, wodurch der manuelle Arbeitsaufwand reduziert und die Kampagnengenauigkeit erhöht wird.

Einer der größten Vorteile der Marketingautomatisierung ist ihre Fähigkeit, Kundeninteraktionen über verschiedene Kanäle hinweg effektiv zu verwalten. Dazu gehört der Versand personalisierter E-Mails, die Veröffentlichung von Inhalten in sozialen Medien, die Verwaltung von Online-Werbekampagnen und die Aktualisierung von Websites. Mit der Automatisierung können diese Aufgaben basierend auf bestimmten Auslösern oder Benutzerverhalten automatisch geplant und ausgeführt werden, um sicherzustellen, dass die richtige Nachricht den richtigen Kunden zur richtigen Zeit erreicht.

Marketingautomatisierung ist auch für die Leadverfolgung und -verwaltung unerlässlich. Automatisierungssysteme können Benutzerinteraktionen mit der Website, E-Mails und sozialen Medien eines Unternehmens verfolgen und wertvolle Daten über die Interessen und Verhaltensweisen potenzieller Kunden aufzeichnen. Diese Informationen werden dann verwendet, um Leads zu segmentieren und Marketingmaßnahmen weiter zu personalisieren, wodurch die Conversion-Chancen erhöht werden. Darüber hinaus spielt die Marketingautomatisierung eine entscheidende Rolle bei der Analyse und Berichterstattung. Automatisierungstools bieten detaillierte Analysen zur Kampagnenleistung und bieten Einblicke in Aspekte wie E-Mail-Öffnungsrate, Klickrate, Website-Traffic und Conversions. Mithilfe dieser Daten können Vermarkter ihre Strategien schnell anpassen, aktuelle Kampagnen optimieren und fundierte Entscheidungen auf der Grundlage von Daten treffen.

Die Integration künstlicher Intelligenz in die Marketingautomatisierung hat auch erhebliche Fortschritte bei der Personalisierung und Effizienz ermöglicht. KI kann große Datenmengen analysieren, um Trends zu erkennen, Kundenverhalten vorherzusagen und komplexe Marketingentscheidungen zu automatisieren. Beispielsweise kann KI einzelnen Kunden automatisch personalisierte Produkte oder Dienstleistungen empfehlen, basierend auf ihrer Kaufhistorie und ihren Präferenzen.

Schließlich sorgt die Marketingautomatisierung dafür, dass die Nachrichtenübermittlung über alle Kanäle hinweg konsistent und konsistent ist. Durch die Zentralisierung des Kampagnen- und Content-Managements können Unternehmen sicherstellen, dass ihre Markenbotschaften unabhängig vom Kundenkontaktpunkt konsistent bleiben. Dies ist für den Aufbau einer starken und zuverlässigen Marke unerlässlich.

Zusammenfassend lässt sich sagen, dass Marketingautomatisierung im Jahr 2024 ein unverzichtbarer Bestandteil des digitalen Marketings ist und erhebliche Vorteile in Bezug auf Effizienz, Personalisierung, Analyse und Konsistenz der Nachrichten bietet. Durch die Einführung der Automatisierung können Unternehmen nicht nur ihre Marketingabläufe optimieren, sondern auch umfassendere und ansprechendere Kundenerlebnisse bieten.

3.1.4 Anwendungsbeispiele

Im Jahr 2024 hat sich der Einsatz von künstlicher Intelligenz (KI) und Automatisierung im digitalen Marketing durch verschiedene innovative und wirkungsvolle Beispiele manifestiert und ihre Fähigkeit demonstriert, die Marketingstrategien von Unternehmen zu transformieren.

Ein bemerkenswertes Beispiel ist der Einsatz von KI-gestützten Chatbots im Kundenservice. Diese in Websites und Social-Media-Plattformen integrierten Chatbots nutzen die Verarbeitung natürlicher Sprache, um Kundenanfragen in Echtzeit zu verstehen und darauf zu reagieren. Ein E-Commerce-Unternehmen könnte beispielsweise einen Chatbot verwenden, um Kunden bei der Suche nach Produkten zu helfen, Fragen zu Bestellungen zu beantworten oder Kundendienstprobleme zu lösen. Diese Chatbots bieten sofortige Hilfe, verkürzen die Wartezeit für Kunden und geben Personalressourcen für komplexere Aufgaben frei.

Ein weiteres Beispiel ist die Automatisierung von E-Mail-Marketingkampagnen.

Automatisierungssysteme nutzen Daten zum Kundenverhalten, wie zum Beispiel die Kaufhistorie und frühere E-Mail-Interaktionen, um personalisierte Nachrichten zu versenden. Nachdem ein Kunde beispielsweise ein Produkt gekauft hat, kann KI eine Reihe personalisierter E-Mails mit ergänzenden Zubehörteilen oder Produkten auslösen und so die Chance auf zusätzliche Verkäufe erhöhen.

KI wird auch zur Inhaltspersonalisierung auf Websites eingesetzt. Basierend auf dem Surfverhalten des Benutzers, früheren Interaktionen und Vorlieben kann KI den auf der Website angezeigten Inhalt dynamisch ändern und so ein hochgradig personalisiertes Erlebnis schaffen. Beispielsweise kann eine Reisewebsite personalisierte Reiseangebote anzeigen, die auf den zuvor angesehenen Reisezielen oder Reisepräferenzen des Benutzers basieren.

In der Online-Werbung haben KI und Automatisierung die Optimierung von Werbekampagnen in Echtzeit ermöglicht. KI-Algorithmen analysieren kontinuierlich die Anzeigenleistung und passen Gebote, Targeting und Inhalte automatisch an, um den ROI zu maximieren. Beispielsweise kann eine Social-Media-Werbekampagne basierend auf Benutzerinteraktionen ständig angepasst werden, um sicherzustellen, dass Anzeigen immer relevant und effektiv sind.

Schließlich wird KI-basierte Predictive Analytics eingesetzt, um Markttrends und Verbraucherverhalten zu antizipieren. Durch die Analyse großer Datenmengen können Unternehmen zukünftige Kundenbedürfnisse vorhersagen, neue Marktchancen erkennen und ihre Strategien entsprechend anpassen. Eine Modemarke kann beispielsweise Predictive Analytics nutzen, um Modetrends zu antizipieren und ihre Kollektionen und Lagerbestände entsprechend anzupassen.

Diese Beispiele veranschaulichen, wie KI und Automatisierung das digitale Marketing im Jahr 2024 verändern, personalisiertere Kundenerlebnisse bieten, Marketingabläufe optimieren und wertvolle Erkenntnisse für die Entscheidungsfindung liefern. Die Einführung dieser Technologien ermöglicht es Unternehmen, in einer sich ständig verändernden digitalen Landschaft wettbewerbsfähig zu bleiben und außergewöhnliche Kundenerlebnisse zu bieten.

3.2 Augmented und Virtual Reality

3.2.1 AR/VR im Marketing

Im Jahr 2024 haben Augmented Reality (AR) und Virtual Reality (VR) eine führende Rolle im digitalen Marketing eingenommen und bieten immersive und interaktive Erlebnisse, die die Kundenbindung neu definieren. Die Einführung dieser Technologien hat es Marken ermöglicht, innovative Werbekampagnen zu erstellen, das Einkaufserlebnis zu verbessern und die emotionale Bindung zu den Verbrauchern zu stärken.

Insbesondere AR hat den Einzelhandel revolutioniert. Marken nutzen AR, um Kunden die Möglichkeit zu geben, Produkte vor dem Kauf virtuell auszuprobieren. Beispielsweise könnte eine Kosmetikmarke eine AR-Anwendung anbieten, mit der Benutzer in Echtzeit sehen können, wie verschiedene Make-up-Produkte auf ihrem Gesicht aussehen würden. Ebenso nutzen Möbelgeschäfte AR, um Kunden dabei zu helfen, sich vorzustellen, wie Möbel in ihren Wohnraum passen würden. Diese immersiven Einkaufserlebnisse verbessern nicht nur die Kundenzufriedenheit, sondern reduzieren auch die Rücklaufquoten, indem sie ein besseres Verständnis des Produkts vermitteln.

In VR schaffen Marken komplette Markenerlebnisse, die Benutzer in vollständig gestaltete Welten eintauchen lassen. Beispielsweise kann ein Automobilhersteller VR nutzen, um Kunden ein virtuelles Fahrerlebnis ihres neuesten Automodells zu bieten. Reise- und

Tourismusunternehmen nutzen VR, um virtuelle Touren zu Reisezielen anzubieten, sodass Kunden die Reise vor der Buchung erleben können. Diese VR-Erlebnisse sind nicht nur fesselnd, sondern tragen auch dazu bei, Vorfreude und Verlangen für das Produkt oder die Dienstleistung zu wecken.

AR und VR werden auch für interaktive Werbekampagnen eingesetzt. Marken erstellen Anzeigen, in denen Benutzer mit AR-Elementen interagieren oder in VR-Erlebnisse eintauchen können. Diese Kampagnen erregen nicht nur Aufmerksamkeit; Sie schaffen bleibende Erinnerungen und stärken das Markenengagement.

Darüber hinaus bieten diese Technologien einzigartige Möglichkeiten für das Marken-Storytelling. Durch den Einsatz von AR und VR können Unternehmen Geschichten immersiver und emotionaler erzählen. Beispielsweise kann eine Marke VR nutzen, um Nutzer in die Geschichte der Unternehmensgründung einzutauchen oder die Wirkung ihrer Nachhaltigkeitsinitiativen aufzuzeigen.

Schließlich liefern AR und VR wertvolle Daten zum Nutzerverhalten. Marken können verfolgen, wie Benutzer mit AR/VR-Erlebnissen interagieren, welche Produkte sie bevorzugen und wie viel Zeit sie mit bestimmten Funktionen verbringen. Diese Daten können verwendet werden, um Marketingstrategien zu verfeinern und zukünftige Erfahrungen zu verbessern.

Zusammenfassend lässt sich sagen, dass die Integration von AR und VR im digitalen Marketing im Jahr 2024 neue Dimensionen der Kundenbindung eröffnet hat. Indem sie immersive Einkaufserlebnisse, interaktive Werbekampagnen, fesselnde Möglichkeiten zum Geschichtenerzählen und wertvolle Einblicke in das Verhalten bieten, ermöglichen AR und VR Marken, eine tiefere und bedeutungsvollere Verbindung zu Verbrauchern aufzubauen.

3.2.2 Innovative Kampagnen

Im Jahr 2024 hat der Einsatz von Augmented Reality (AR) und Virtual Reality (VR) in Marketingkampagnen zu bemerkenswert innovativen Werbeinitiativen geführt und die Art und Weise, wie Marken mit ihrem Publikum interagieren, verändert. Diese Technologien haben dazu beigetragen, immersive und unvergessliche Werbeerlebnisse zu schaffen, die nicht nur die Aufmerksamkeit der Verbraucher fesseln, sondern auch das Markenengagement stärken.

Ein eindrucksvolles Beispiel für eine innovative Kampagne ist eine Modemarke, die ein AR-Erlebnis eingeführt hat, bei dem Benutzer Kleidung und Accessoires virtuell über ihr Smartphone ansehen und anprobieren können. Diese Kampagne sorgte aufgrund ihres innovativen Charakters nicht nur für großes Aufsehen, sondern steigerte auch die Konversionsraten, indem sie den Kunden ein interaktiveres und personalisierteres Einkaufserlebnis bot.

In der Unterhaltungsbranche nutzte eine große Filmproduktionsfirma VR, um ein immersives Erlebnis zu schaffen, das an die Veröffentlichung eines mit Spannung erwarteten Films gekoppelt war. Benutzer konnten Szenen aus dem Film erkunden, mit Story-Elementen interagieren und sogar an virtuellen Missionen teilnehmen. Diese Kampagne weckte nicht nur das Interesse am Film, sondern sorgte auch für ein tiefes und ansprechendes Markenerlebnis, das die Fantreue stärkte.

Ein Automobilunternehmen entwickelte Innovationen, indem es VR nutzte, um virtuelle Testfahrten seiner neuen Modelle anzubieten. Kunden konnten in einem VR-Simulator sitzen und ein realistisches Fahrerlebnis erleben, einschließlich des Gefühls, auf unterschiedlichem Gelände und bei unterschiedlichen Wetterbedingungen zu fahren. Dieser Ansatz überwand nicht nur die Einschränkungen herkömmlicher Testfahrten, sondern ermöglichte es der Marke auch, sich auf einem wettbewerbsintensiven Markt hervorzuheben.

Im Bildungs- und Schulungsbereich startete ein Technologieunternehmen eine VR-Kampagne mit dem Ziel, die Öffentlichkeit über neue Technologien aufzuklären. Benutzer könnten an interaktiven Simulationen teilnehmen, um zu erfahren, wie diese Technologien funktionieren und welche möglichen Auswirkungen sie auf die Gesellschaft haben. Diese Kampagne stärkte nicht nur die Position des Unternehmens als führender Anbieter technologischer Innovationen, sondern trug auch dazu bei, die Öffentlichkeit über wichtige Themen aufzuklären und einzubeziehen. Schließlich nutzte eine Beauty-Marke AR, um eine interaktive Social-Media-Kampagne zu erstellen, bei der Benutzer verschiedene Make-up-Produkte virtuell ausprobieren konnten. Durch das Teilen ihrer virtuellen Looks in sozialen Medien könnten Benutzer an einem Wettbewerb teilnehmen, die Markensichtbarkeit erhöhen und das Engagement der Verbraucher fördern.

Diese Beispiele veranschaulichen, wie AR und VR genutzt werden können, um Marketingkampagnen zu erstellen, die nicht nur innovativ, sondern auch äußerst ansprechend sind. Durch die Bereitstellung immersiver und interaktiver Erlebnisse ermöglichen diese Technologien Marken, auf sinnvollere Weise mit ihrem Publikum in Kontakt zu treten, die Markenbekanntheit zu steigern und das Engagement und die Loyalität der Kunden zu erhöhen.

3.2.3 Integration mit sozialen Netzwerken

Im Jahr 2024 hat die Integration von Augmented Reality (AR) und Virtual Reality (VR) mit sozialen Medien neue Wege für das digitale Marketing eröffnet und immersivere und interaktivere Benutzererlebnisse geschaffen. Diese Konvergenz hat es Marken ermöglicht, auf sinnvollere Weise mit ihrem Publikum in Kontakt zu treten und die Art und Weise, wie Benutzer mit Inhalten auf sozialen Plattformen interagieren, zu verändern.

Die Integration von AR in soziale Netzwerke hat das Nutzerengagement deutlich revolutioniert. Plattformen wie Instagram und Snapchat haben AR eingeführt, um Benutzern interaktive Erlebnisse direkt in ihrer App zu ermöglichen. Beispielsweise nutzen Beauty-Marken AR-Filter, um Benutzern das virtuelle Anprobieren von Make-up-Produkten zu ermöglichen, während Modehändler virtuelle Anproben von Kleidung anbieten. Diese AR-Erlebnisse erhöhen nicht nur das Engagement der Benutzer; Sie liefern auch wertvolle Einblicke in die Vorlieben der Verbraucher, die für gezielte Marketingstrategien unerlässlich sind.

Obwohl VR in den sozialen Medien aufgrund seines immersiveren Charakters und der Notwendigkeit spezieller Ausrüstung weniger verbreitet ist, hat es ebenfalls seinen Platz gefunden. Plattformen wie Facebook Horizon und andere soziale VR-Räume ermöglichen es Benutzern, in virtuelle Umgebungen einzutauchen, in denen sie tiefer mit Markeninhalten interagieren können. Beispielsweise kann ein Reiseunternehmen ein VR-Erlebnis schaffen, bei dem Benutzer ein Reiseziel virtuell erkunden können, was eine einzigartige Form des Geschichtenerzählens und der Werbung bietet.

Die Integration von AR und VR mit sozialen Medien hat auch den Weg für innovativere und ansprechendere Werbekampagnen geebnet. Marken können interaktive AR-Anzeigen erstellen, die Benutzer dazu ermutigen, auf unterhaltsame Weise mit dem Produkt zu interagieren, und so die Markenbekanntheit und das Verbraucherengagement steigern. Ebenso können VR-Erlebnisse, die in sozialen Medien geteilt werden, Aufsehen erregen, zum Teilen von Inhalten anregen und so die Markenreichweite vergrößern.

Darüber hinaus ermöglicht die Integration dieser Technologien in soziale Medien eine stärkere Personalisierung des Marketings. Mithilfe von Daten, die aus Benutzerinteraktionen mit AR- und VR-Erlebnissen gesammelt werden, können Marken ihre Marketing- und Content-Strategien verfeinern, um den Interessen und Bedürfnissen ihrer Zielgruppe besser gerecht zu werden.

Zusammenfassend lässt sich sagen, dass die Integration von AR und VR mit sozialen Medien im Jahr 2024 das Benutzererlebnis erheblich bereichert und Marken neue Möglichkeiten geboten hat, mit ihrem Publikum in Kontakt zu treten. Durch die Schaffung immersiver und interaktiver Erlebnisse können Marken nicht nur das Engagement und die Bekanntheit steigern, sondern auch wertvolle Einblicke in die Vorlieben ihrer Verbraucher gewinnen, was für den Erfolg des digitalen Marketings in der modernen Zeit von entscheidender Bedeutung ist.

3.2.4 Zukunft von AR/ VR im Marketing

Im Jahr 2024 sieht die Zukunft von Augmented Reality (AR) und Virtual Reality (VR) im Marketing rosig und voller Potenzial aus. Diese Technologien entwickeln sich rasant weiter und eröffnen Marken neue Möglichkeiten, immersive und unvergessliche Kundenerlebnisse zu schaffen. Die Auswirkungen von AR und VR im Marketing gehen weit über einfache technische Geräte hinaus; Sie werden zu unverzichtbaren Werkzeugen für das Storytelling der Marke, die Kundenbindung und die Personalisierung des Marketings.

Eine der bedeutendsten Entwicklungen, die in der Zukunft von AR und VR erwartet werden, ist ihre weitere Integration in das tägliche Leben der Verbraucher. Da sich die Technologie verbessert und die Kosten sinken, wird erwartet, dass mehr Menschen Zugang zu diesen Erlebnissen haben werden. Dies bedeutet, dass Marken in der Lage sein werden, ein breiteres und vielfältigeres

Publikum zu erreichen und AR- und VR-Erlebnisse in immer vielfältigeren Kontexten bereitzustellen, von physischen Geschäften bis hin zu Online-Plattformen.

Ein weiterer wichtiger Aspekt der Zukunft von AR und VR im Marketing ist eine verbesserte Personalisierung. Dank der Fortschritte bei KI und maschinellem Lernen können AR- und VR-Erlebnisse an die individuellen Vorlieben der Benutzer angepasst werden, um ein noch personalisierteres und relevanteres Erlebnis zu bieten. Beispielsweise könnte ein AR-Erlebnis im Geschäft bestimmte Produkte basierend auf der Kaufhistorie des Kunden empfehlen, während sich ein VR-Erlebnis in Echtzeit an Benutzerreaktionen und -interaktionen anpassen könnte.

In Zukunft wird es auch eine stärkere Integration von AR und VR in Omnichannel-Strategien geben. Marken werden versuchen, konsistente und vernetzte Erlebnisse über verschiedene Kundenkontaktpunkte hinweg zu schaffen, sei es in Geschäften, auf Websites, in mobilen Apps oder in sozialen Medien. Dieser Omnichannel-Ansatz schafft eine nahtlose und integrierte Customer Journey und stärkt das Engagement und die Markentreue.

Darüber hinaus könnte die Zukunft von AR und VR im Marketing die Entstehung neuer Werbeformen und Markenpartnerschaften mit sich bringen. Marken könnten beispielsweise mit VR-Gaming-Plattformen zusammenarbeiten, um immersive Markenerlebnisse zu schaffen, oder AR nutzen, um interaktive, personalisierte Werbung in städtischen Umgebungen bereitzustellen.

Schließlich ist es wahrscheinlich, dass ethische und datenschutzrechtliche Fragen beim Einsatz von AR und VR im Marketing eine immer wichtigere Rolle spielen werden. Marken müssen darauf achten, wie sie Benutzerdaten sammeln und verwenden, und sicherstellen, dass AR- und VR-Erlebnisse die Privatsphäre und Sicherheit der Verbraucher respektieren.

Zusammenfassend lässt sich sagen, dass die Zukunft von AR und VR im Marketing voller Möglichkeiten ist. Diese Technologien bieten Marken einzigartige Möglichkeiten, ihre Marketingstrategien zu erneuern, überzeugende Kundenerlebnisse zu schaffen und Markenbindung und -treue aufzubauen. Um diese Chancen jedoch voll auszuschöpfen, müssen sich Marken in einer sich ständig verändernden Landschaft zurechtfinden und dabei auf technologische Fortschritte, Verbrauchererwartungen und ethische Überlegungen achten.

3.3 Blockchain und Marketing

3.3.1 Blockchain erklärt

Im Jahr 2024 ist Blockchain zu einem alltäglichen Begriff geworden, sein Verständnis bleibt jedoch oft auf den Bereich der Kryptowährungen beschränkt. Insbesondere im digitalen Marketing hat die Blockchain jedoch ein weitaus größeres Potenzial. Im Kern handelt es sich bei Blockchain um eine Distributed-Ledger-Technologie, die eine sichere, transparente und unveränderliche Speicherung von Daten ermöglicht. Diese Technologie funktioniert wie eine Blockchain (daher der Name), bei der jeder Block eine Reihe von Transaktionen oder Informationen enthält, die kryptografisch mit dem vorherigen Block verknüpft sind und so eine Kette bilden.

Eine der Hauptstärken der Blockchain ist ihr dezentraler Charakter. Im Gegensatz zu herkömmlichen Datenbanken, die von einer zentralen Stelle verwaltet werden, wird die Blockchain über ein Netzwerk von Computern verteilt, wodurch die Daten sowohl sicherer als auch resistenter gegen Manipulationen werden. Jede Transaktion auf der Blockchain wird durch Netzwerkkonsens überprüft, was die Authentizität und Zuverlässigkeit der aufgezeichneten Informationen garantiert.

Im Marketingkontext bietet Blockchain mehrere Vorteile. Erstens sorgt es für mehr Transparenz. Unternehmen können mithilfe der Blockchain eine transparente und überprüfbare Historie ihrer Produkte erstellen, von der Produktion bis zur Auslieferung. Dies kann besonders für Marken nützlich sein, die die Authentizität ihrer Produkte nachweisen oder ihr Engagement für ethische und nachhaltige Praktiken unter Beweis stellen möchten.

Zweitens bietet Blockchain verbesserte Möglichkeiten für die Datensicherheit. In einer Welt, in der der Schutz von Verbraucherdaten immer wichtiger wird, kann Blockchain eine sicherere Lösung für die Speicherung und Verwaltung von Kundendaten bieten. Dies kann dazu beitragen, das Vertrauen der Verbraucher in Marken zu stärken, die diese Technologie nutzen.

Darüber hinaus erleichtert Blockchain die Umsetzung intelligenter Verträge. Diese selbstausführenden Verträge, die aktiviert werden, wenn bestimmte Bedingungen erfüllt sind, können verschiedene Aspekte von Marketing und Vertrieb automatisieren, beispielsweise die Verwaltung von Treueprämien, die Überprüfung von Urheberrechten oder die Implementierung von Treueprogrammen.

Schließlich eröffnet Blockchain den Weg für neue Formen der Werbung und Verkaufsförderung. Beispielsweise können damit transparente und sichere Belohnungssysteme für Verbraucher geschaffen werden, die ihre Daten teilen oder an Werbekampagnen teilnehmen.

Zusammenfassend lässt sich sagen, dass Blockchain im Marketing weit über Kryptowährungen hinausgeht. Es bietet innovative Möglichkeiten für Transparenz, Datensicherheit, Prozessautomatisierung und die Entwicklung neuer Marketingstrategien. Mit der Weiterentwicklung der Technologie wächst auch ihr Potenzial im Marketing und bietet Unternehmen einzigartige Möglichkeiten, auf sicherere und ansprechendere Weise mit ihren Kunden in Kontakt zu treten.

3.3.2 Anwendungen im Marketing

Im Jahr 2024 hat Blockchain revolutionäre Anwendungen im Marketing gefunden und die Art und Weise verändert, wie Unternehmen mit Verbrauchern interagieren und Daten verwalten. Der Einsatz dieser Technologie im digitalen Marketing sorgt nicht nur für mehr Transparenz und Sicherheit, sondern ebnet auch den Weg für innovativere und effektivere Marketingmethoden. Eine der bemerkenswertesten Anwendungen der Blockchain im Marketing ist das Loyalitäts- und Prämienmanagement. Blockchain-basierte Treueprogramme ermöglichen es Unternehmen, transparente und sichere Belohnungssysteme zu schaffen. Verbraucher können Treuepunkte effizienter sammeln und einlösen, mit der Gewissheit, dass ihre Daten und Transaktionen sicher und unveränderlich sind. Dieser Ansatz stärkt das Vertrauen der Kunden und verbessert ihr Engagement für die Marke.

Blockchain wird auch verwendet, um Transparenz in der Lieferkette zu schaffen, was besonders für Marken relevant ist, die sich auf Nachhaltigkeit und Ethik konzentrieren. Unternehmen können

Blockchain nutzen, um die Herkunft und den Weg ihrer Produkte von der Quelle bis zum Verkauf aufzuzeichnen und zu verfolgen. Diese Transparenz ermöglicht es Verbrauchern, die Authentizität der Produkte und die nachhaltigen Praktiken des Unternehmens zu überprüfen und so Vertrauen und Markentreue aufzubauen.

Im Bereich der digitalen Werbung bietet Blockchain Lösungen zur Bekämpfung von Werbebetrug und zur Verbesserung der Transparenz von Werbetransaktionen. Durch den Einsatz von Blockchain können Unternehmen sicherstellen, dass ihre Anzeigen sicher geschaltet werden und dass Impressions- und Klickdaten zuverlässig und manipulationssicher sind. Dies ermöglicht eine bessere Optimierung von Werbekampagnen und eine effizientere Zuweisung von Werbebudgets.

Blockchain erleichtert auch die Implementierung von Smart Contracts in Marketingkampagnen. Mithilfe dieser automatisierten Verträge können Deals mit Influencern, Co-Marketing-Partnerschaften oder Affiliate-Programme verwaltet werden. Intelligente Verträge stellen sicher, dass alle Parteien ihren Verpflichtungen nachkommen und dass Zahlungen oder Belohnungen automatisch verteilt werden, sobald die Bedingungen erfüllt sind, wodurch Prozesse vereinfacht und das Risiko der Nichteinhaltung verringert werden.

Darüber hinaus ermöglicht die Blockchain eine

sicherere Verwaltung von Kundendaten. In einem Kontext, in dem der Schutz personenbezogener Daten zu einem wichtigen Anliegen geworden ist, bietet Blockchain eine Lösung für die sichere und transparente Speicherung und Verwaltung von Daten. Dies kann Unternehmen dabei helfen, Datenschutzbestimmungen einzuhalten und gleichzeitig das Vertrauen der Verbraucher aufzubauen.

Zusammenfassend lässt sich sagen, dass die Anwendungen von Blockchain im digitalen Marketing im Jahr 2024 umfangreich und vielfältig sind. Von der Verwaltung von Treueprogrammen über die Transparenz der Lieferkette bis hin zur Bekämpfung von Werbebetrug und sicherer Datenverwaltung bietet Blockchain Unternehmen leistungsstarke Tools, um ihre Marketingstrategien zu verbessern, das Vertrauen der Verbraucher aufzubauen und die Wirksamkeit ihrer Kampagnen zu optimieren. Mit der Weiterentwicklung der Technologie wird ihr Potenzial im digitalen Marketing nur noch zunehmen und Marken noch mehr innovative Möglichkeiten bieten.

3.3.3 Transparenz und Sicherheit

Im Jahr 2024 gewinnen Transparenz und Sicherheit im digitalen Marketing an Bedeutung, und Blockchain steht im Mittelpunkt dieser Entwicklung. Die einzigartige Fähigkeit von

Blockchain, beispiellose Transparenz und verbesserte Sicherheit zu bieten, hat die Art und Weise verändert, wie Unternehmen Daten verwalten und mit Verbrauchern interagieren.

Transparenz ist einer der Hauptvorteile der Blockchain im Marketing. Dank seines verteilten und unveränderlichen Hauptbuchs ist jede in der Blockchain aufgezeichnete Transaktion oder Interaktion für alle Netzwerkteilnehmer transparent und überprüfbar. Diese Funktion ist besonders für Marken von Vorteil, die ihr Engagement für ethische und nachhaltige Praktiken unter Beweis stellen möchten. Beispielsweise kann ein Unternehmen Blockchain verwenden, um die Herkunft und Reise seiner Produkte zu verfolgen und Verbrauchern so die Möglichkeit zu geben, die Authentizität des Produkts und die Nachhaltigkeitsaussagen der Marke zu überprüfen. Diese Transparenz stärkt das Vertrauen der Verbraucher und verbessert das Markenimage.

Hinsichtlich der Sicherheit bietet Blockchain ein höheres Maß an Datenschutz als herkömmliche Methoden. Die auf der Blockchain gespeicherten Daten werden verschlüsselt und über ein dezentrales Netzwerk verteilt, wodurch sie praktisch manipulationssicher sind. Diese verbesserte Sicherheit ist in einem Kontext, in dem Datenschutzverletzungen und Datenschutzbedenken an der Tagesordnung sind, von entscheidender Bedeutung. Unternehmen können Kundendaten sicher in der Blockchain speichern, um den Schutz vertraulicher Informationen sicherzustellen und das Vertrauen der Kunden aufzubauen.

Auch im Bereich der digitalen Werbung trägt Blockchain zur Sicherheit und Transparenz bei. Es hilft bei der Bekämpfung von Anzeigenbetrug, indem es eine transparente und manipulationssichere Aufzeichnung von Anzeigenimpressionen, Klicks und Conversions bereitstellt. Dadurch können Werbetreibende sicherstellen, dass ihre Werbebudgets effizient eingesetzt werden und die Kampagnenergebnisse authentisch sind. Diese Transparenz trägt auch dazu bei, Vertrauen zwischen Werbetreibenden, Publishern und Verbrauchern aufzubauen.

Darüber hinaus erleichtert Blockchain die Implementierung intelligenter Verträge in Marketingkampagnen. Diese automatisierten Verträge, die auf der Blockchain ausgeführt werden, stellen sicher, dass alle Parteien ihre Verpflichtungen einhalten. Beispielsweise kann ein Smart Contract bei einer Affiliate-Kampagne automatisch eine Zahlung auslösen, sobald ein Verkauf bestätigt ist, und so eine faire und transparente Vergütung für alle Beteiligten gewährleisten.

Zusammenfassend lässt sich sagen, dass die Transparenz und Sicherheit, die Blockchain im digitalen Marketing im Jahr 2024 mit sich bringt, große Vorteile für Unternehmen darstellen.

Durch den Einsatz dieser Technologie können Marken nicht nur das Vertrauen der Verbraucher stärken, sondern auch die Wirksamkeit und Authentizität ihrer Marketingkampagnen verbessern. Blockchain bietet eine robuste Lösung für die Navigation in einer digitalen Landschaft, in der Datenschutz und Betriebstransparenz von Verbrauchern und Regulierungsbehörden zunehmend geschätzt werden.

3.3.4 Fallstudien

Im Jahr 2024 veranschaulichen mehrere Fallstudien die revolutionären Auswirkungen der Blockchain auf das digitale Marketing und zeigen, wie verschiedene Unternehmen diese Technologie übernommen haben, um die Transparenz, Sicherheit und Wirksamkeit ihrer Marketingstrategien zu verbessern.

Eine bemerkenswerte Fallstudie ist die einer großen Luxusgütermarke, die Blockchain einsetzte, um Fälschungen zu bekämpfen und das Vertrauen der Verbraucher aufzubauen. Die Marke hat die Blockchain-Technologie integriert, um ein Rückverfolgbarkeitssystem für ihre Produkte von der Herstellung bis zum Verkauf zu schaffen. Jedem Produkt lag ein auf der Blockchain gespeichertes digitales Zertifikat bei, das seine Echtheit garantiert. Diese Initiative trug nicht nur dazu bei, die Marke vor Fälschungen zu schützen, sondern stärkte auch das Vertrauen der

Verbraucher in die Authentizität und Qualität der Produkte.

Ein weiteres Beispiel ist ein Unternehmen der Lebensmittelindustrie, das Blockchain nutzte, um für Transparenz in seiner Lieferkette zu sorgen. Das Unternehmen zeichnete alle Phasen der Produktion, des Transports und des Vertriebs seiner Produkte auf einer öffentlich zugänglichen Blockchain auf. Verbraucher könnten einen QR-Code auf Produkten scannen, um auf die vollständige Lieferkettenhistorie zuzugreifen. Diese Transparenz hat nicht nur das Vertrauen der Verbraucher gestärkt, sondern es dem Unternehmen auch ermöglicht, sich in einem Markt hervorzuheben, der zunehmend auf Nachhaltigkeit und Ethik ausgerichtet ist.

In der digitalen Werbebranche nutzte eine innovative Kampagne Blockchain, um ein transparentes und sicheres Belohnungssystem für Benutzer zu schaffen, die ihre Daten teilen. Benutzer könnten sich dafür entscheiden, einige ihrer Daten im Austausch gegen Blockchain-Tokens zu teilen, die für Einkäufe oder Dienstleistungen innerhalb des Ökosystems der Marke verwendet werden könnten. Dieser Ansatz ermöglichte es dem Unternehmen, wertvolle Daten zu sammeln, gleichzeitig die Privatsphäre der Benutzer zu respektieren und sie für ihre Teilnahme zu belohnen.

Eine weitere Fallstudie betrifft ein Technologieunternehmen, das Smart Contracts zur Verwaltung seiner Affiliate-Partnerschaften implementiert hat. Intelligente Verträge automatisierten den Provisionszahlungsprozess und stellten sicher, dass die Partner fair und transparent auf der Grundlage der erzielten Verkäufe bezahlt wurden. Diese Automatisierung reduzierte nicht nur den Verwaltungsaufwand, sondern stärkte auch die Partnerbeziehungen durch mehr Transparenz und Zuverlässigkeit.

Schließlich nutzte ein Unterhaltungsunternehmen Blockchain, um ein einzigartiges Fanerlebnis zu schaffen. Fans konnten Blockchain-Token erwerben, die ihnen Zugang zu exklusiven Inhalten, besonderen Veranstaltungen und direkten Interaktionen mit Künstlern verschafften. Diese Strategie generierte nicht nur neue Einnahmequellen für das Unternehmen, sondern schuf auch eine engagiertere und loyalere Fangemeinde.

Diese Fallstudien zeigen die Vielseitigkeit und Wirksamkeit der Blockchain in verschiedenen Aspekten des digitalen Marketings. Von der Rückverfolgbarkeit von Produkten über die Verwaltung von Verbraucherdaten bis hin zu Werbung und Fan-Engagement bietet Blockchain Unternehmen innovative Möglichkeiten, die Transparenz, Sicherheit und Effizienz ihrer Marketingaktivitäten zu verbessern. Da sich die Technologie ständig weiterentwickelt, wächst auch ihr Marketingpotenzial und bietet Marken immer mehr innovative Möglichkeiten.

KAPITEL 4: ANALYSE UND DATENWISSENSC HAFT

„Bei Kreativität geht es nur darum, Dinge zu verbinden. Wenn man kreative Menschen fragt, wie sie etwas gemacht haben, fühlen sie sich ein wenig schuldig, weil sie es nicht wirklich getan haben, sondern nur etwas gesehen haben."

Steve Jobs

4.1 Big Data im digitalen Marketing

4.1.1 Einführung in Big Data

Im Jahr 2024 ist Big Data zu einem wesentlichen Bestandteil des digitalen Marketings geworden und spielt eine entscheidende Rolle dabei, wie Unternehmen ihre Kunden verstehen, mit ihnen interagieren und auf sie reagieren. Der Begriff „Big Data" bezieht sich auf extrem große Datenmengen, die durch fortschrittliche Technologien analysiert werden, um Trends, Muster und Zusammenhänge aufzudecken, insbesondere im Hinblick auf menschliches Verhalten und Interaktionen.

Die Einführung von Big Data im digitalen Marketing hat einen bedeutenden Wandel in der Geschäftsentscheidungsfindung und -strategie markiert. Durch den Zugriff auf eine riesige Menge an Informationen aus verschiedenen Quellen – soziale Medien, Online-Transaktionen, mobile Daten und mehr – können Unternehmen jetzt ein tiefes Verständnis für die Bedürfnisse, Vorlieben und Verhaltensweisen ihrer Kunden gewinnen. Diese Fülle an Informationen ermöglicht es Marketingfachleuten, gezieltere Kampagnen zu erstellen, Kundenerlebnisse zu personalisieren und Marketingstrategien für maximale Wirksamkeit zu optimieren.

Big Data im digitalen Marketing beschränkt sich nicht nur auf das Sammeln großer Datenmengen; Es geht auch um die Fähigkeit, diese Daten zu analysieren und zu interpretieren, um umsetzbare Erkenntnisse abzuleiten. Der Einsatz fortschrittlicher Analysetools, künstlicher Intelligenz und maschinellem Lernen ermöglicht es Unternehmen, große Datenmengen schnell zu verarbeiten und zu analysieren und

Rohinformationen in wertvolle Erkenntnisse umzuwandeln.

Dieser datengesteuerte Ansatz ermöglicht eine präzisere Marktsegmentierung, ein besseres Verständnis der Customer Journey und eine Echtzeitoptimierung von Marketingkampagnen. Durch die Analyse von Nutzerverhaltensdaten auf einer Website kann ein Unternehmen beispielsweise Reibungspunkte im Kaufprozess identifizieren und Verbesserungen vornehmen, um die Konversionsraten zu erhöhen.

Darüber hinaus spielt Big Data eine Schlüsselrolle bei der Vorhersage zukünftiger Verbrauchertrends und -verhaltensweisen. Durch die Identifizierung von Mustern in historischen Daten können Unternehmen zukünftige Kundenbedürfnisse vorhersehen, ihre Produkte und Dienstleistungen entsprechend anpassen und der Konkurrenz einen Schritt voraus sein.

Zusammenfassend lässt sich sagen, dass Big Data die digitale Marketinglandschaft radikal verändert hat und Unternehmen beispiellose Möglichkeiten bietet, ihre Kunden effektiv zu verstehen und auf sie zu reagieren. Durch die Nutzung der Macht von Big Data können Unternehmen nicht nur ihre Marketingstrategien verbessern, sondern auch ihre Marktposition stärken und bereicherndere und personalisiertere Kundenerlebnisse schaffen.

4.1.2 Datenerfassung und -verwaltung

Im Jahr 2024 sind die Datenerfassung und -verwaltung als Teil von Big Data zu entscheidenden Aspekten des digitalen Marketings geworden, die sorgfältige und strategische Aufmerksamkeit erfordern. Die Fähigkeit eines Unternehmens, relevante Daten effizient zu sammeln und diese verantwortungsvoll und effizient zu verwalten, ist für die Ausschöpfung des vollen Potenzials von Big Data von entscheidender Bedeutung.

Die Datenerfassung im digitalen Marketing erfolgt über eine Vielzahl von Kanälen. Unternehmen sammeln im Rahmen des Internets der Dinge (IoT) Informationen aus Benutzerinteraktionen auf Websites, mobilen Apps, sozialen Medien, Online-Transaktionen und sogar verbundenen Geräten. Jede Interaktion liefert wertvolle Daten, die Informationen über Surfgewohnheiten, Kaufpräferenzen, Suchverhalten und Reaktionen auf Marketingkampagnen umfassen können. Um die Effizienz der Datenerfassung zu maximieren, nutzen Unternehmen fortschrittliche Tools wie Cookies, Tracking-Pixel und Webanalysesoftware.

Das bloße Sammeln von Daten reicht jedoch nicht aus. Ebenso wichtig ist die effektive Verwaltung dieser Daten. Dabei geht es darum, die gesammelten Daten so zu organisieren, zu speichern und zu analysieren, dass sie zugänglich, nutzbar und sicher sind. Unternehmen müssen robuste Datenverwaltungssysteme implementieren, die große Datenmengen speichern und gleichzeitig deren Integrität und Vertraulichkeit gewährleisten können. Dazu gehört der Einsatz skalierbarer Datenbanken, Cloud-Speicherlösungen und Datenmanagementsysteme, die einen schnellen Zugriff und eine schnelle Analyse der Daten ermöglichen.

Datensicherheit ist ein weiterer entscheidender Aspekt der Datenverwaltung. Da die Bedenken hinsichtlich des Datenschutzes zunehmen und strenge Vorschriften wie die DSGVO gelten, müssen Unternehmen sicherstellen, dass Daten auf konforme und sichere Weise erfasst, gespeichert und verwendet werden. Dazu gehört die Implementierung robuster Sicherheitsprotokolle, Datenverschlüsselung und klarer Datenschutzrichtlinien.

Darüber hinaus ist die Datenqualität für genaue Analysen von entscheidender Bedeutung. Unternehmen müssen über Prozesse verfügen, um Daten zu bereinigen und zu validieren, Duplikate zu beseitigen, Fehler zu korrigieren und sicherzustellen, dass die Daten aktuell und korrekt sind. Eine gute Datenqualität stellt sicher, dass Erkenntnisse aus Analysen zuverlässig und relevant sind.

Schließlich umfasst das Datenmanagement auch die Analyse und Interpretation von Daten, um umsetzbare Erkenntnisse abzuleiten. Unternehmen nutzen fortschrittliche Datenanalysetools, einschließlich künstlicher

Intelligenz und maschinellem Lernen, um Trends zu analysieren, Muster zu erkennen und Verbraucherverhalten vorherzusagen. Diese Analysen ermöglichen es Unternehmen, fundierte Entscheidungen zu treffen, Kundenerlebnisse zu personalisieren und Marketingstrategien zu optimieren.

Zusammenfassend lässt sich sagen, dass die Erhebung und Verwaltung von Daten im Rahmen von Big Data grundlegende Elemente des digitalen Marketings im Jahr 2024 sind. Ein effektives Datenmanagement ermöglicht es Unternehmen, die Nutzung der gesammelten Informationen zu maximieren, die Entscheidungsfindung zu verbessern, Sicherheit und Compliance zu stärken und mehr zu liefern personalisierte und ansprechende Kundenerlebnisse.

4.1.3 Datenanalyse für Marketing

Im Jahr 2024 ist die Datenanalyse zu einer zentralen Säule des digitalen Marketings geworden und ermöglicht es Unternehmen, riesige Mengen an Rohdaten in wertvolle, umsetzbare Erkenntnisse umzuwandeln. Diese Fähigkeit, Daten zu analysieren und zu interpretieren, ist entscheidend für das Verständnis des Verbraucherverhaltens, die Optimierung von Marketingstrategien und die Verbesserung von Geschäftsergebnissen.

Bei der Datenanalyse im digitalen Marketing

werden ausgefeilte Techniken und Tools eingesetzt, um aus verschiedenen Quellen gesammelte Daten zu untersuchen. Dazu gehören Webbrowserdaten, Interaktionen in sozialen Medien, Kaufhistorien, Reaktionen auf Werbekampagnen und vieles mehr. Durch die Analyse dieser Daten können Unternehmen Trends, Verhaltensmuster, Verbraucherpräferenzen und Marktchancen erkennen. Beispielsweise kann die Analyse von Clickstream-Daten die gängigsten Wege aufdecken, die Kunden auf einer Website nutzen, und so dazu beitragen, das Benutzererlebnis zu optimieren und die Konversionsraten zu erhöhen.

Einer der wirkungsvollsten Aspekte der Datenanalyse ist die Marktsegmentierung. Durch die Segmentierung von Verbrauchern in Gruppen anhand von Kriterien wie Alter, Geschlecht, geografischer Standort, Interessen und Kaufverhalten können Unternehmen gezielte und personalisierte Marketingkampagnen erstellen. Dieser zielgerichtete Ansatz ist nicht nur kostengünstiger, sondern erhöht auch die Relevanz und Wirksamkeit von Marketingbotschaften und verbessert die Kundenbindung und -bindung.

Auch Predictive Analytics, ein Zweig der Datenanalyse, spielt im digitalen Marketing eine entscheidende Rolle. Mithilfe statistischer Modelle und Algorithmen für maschinelles Lernen können Unternehmen zukünftige

Trends, Verbraucherverhalten und Ergebnisse von Marketingkampagnen vorhersagen. Beispielsweise können prädiktive Analysen dazu beitragen, vorherzusagen, welche Produkte ein Kunde voraussichtlich als nächstes kaufen wird, sodass Unternehmen personalisierte und zeitnahe Empfehlungen abgeben können.

Darüber hinaus hilft die Datenanalyse dabei, den Return on Investment (ROI) von Marketingkampagnen zu messen und zu optimieren. Durch die Verfolgung wichtiger Kennzahlen wie Klickrate, Konversionsrate, Kosten pro Akquisition und Customer Lifetime Value können Unternehmen die Wirksamkeit ihrer Kampagnen bewerten und ihre Strategien anpassen, um den ROI zu maximieren. Dieser datengesteuerte Ansatz stellt sicher, dass Marketingressourcen so eingesetzt werden, dass die bestmögliche Rendite erzielt wird.

Schließlich ermöglicht die Datenanalyse eine schnellere und fundiertere Entscheidungsfindung. Durch den Zugriff auf Echtzeit-Einblicke können Unternehmen schnell auf Marktveränderungen, Verbraucherverhalten und Kampagnenleistung reagieren. Diese Agilität ist in einem sich ständig verändernden Geschäftsumfeld von entscheidender Bedeutung, in dem die Fähigkeit, sich schnell anzupassen, ein entscheidender Erfolgsfaktor sein kann.

Zusammenfassend lässt sich sagen, dass die Datenanalyse für das Marketing im Jahr 2024 ein dynamischer und wesentlicher Bereich ist, der es Unternehmen ermöglicht, sich effektiv in der komplexen digitalen Marketinglandschaft zurechtzufinden. Durch die Umwandlung von Daten in wertvolle Erkenntnisse können Unternehmen gezieltere, personalisiertere und effektivere Marketingstrategien entwickeln und so die Kundenbindung und Geschäftsergebnisse verbessern.

4.1.4 Datenschutz und Ethik

Im Jahr 2024 sind Datenschutz und ethische Aspekte im Zusammenhang mit der Datenanalyse im digitalen Marketing zu wichtigen Bereichen geworden, die Unternehmen und Verbraucher beunruhigen. Angesichts der zunehmenden Erfassung und Analyse großer Datenmengen ist es für Unternehmen unerlässlich, diese Probleme verantwortungsvoll anzugehen, um das Vertrauen der Verbraucher zu wahren und die geltenden Vorschriften einzuhalten.

Der Datenschutz der Verbraucher steht im Mittelpunkt ethischer Bedenken im Zusammenhang mit der Datenanalyse. Unternehmen müssen sicherstellen, dass personenbezogene Daten in einer Weise erhoben, gespeichert und genutzt werden, die die Privatsphäre des Einzelnen respektiert. Dazu gehört die Implementierung robuster Sicherheitsprotokolle, um Daten vor unbefugtem

Zugriff oder Sicherheitsverletzungen zu schützen und sicherzustellen, dass die Daten verschlüsselt und sicher sind. Darüber hinaus müssen Unternehmen transparent darüber sein, wie Daten erhoben und genutzt werden, und die ausdrückliche Einwilligung der Verbraucher für die Verarbeitung einholen.

Auch die Einhaltung datenschutzrechtlicher Vorschriften, etwa der Datenschutz-Grundverordnung (DSGVO) der Europäischen Union oder des California Consumer Privacy Act (CCPA), ist unerlässlich. Diese Vorschriften stellen strenge Anforderungen an den Umgang mit personenbezogenen Daten, einschließlich des Rechts für Verbraucher, zu erfahren, welche Daten über sie erfasst werden, das Recht, die Löschung ihrer Daten zu verlangen und deren Verwendung für Marketingzwecke zu verweigern. Unternehmen müssen sicherstellen, dass sie diese Vorschriften vollständig einhalten, um erhebliche Strafen zu vermeiden und ihren Ruf zu wahren.

Darüber hinaus gehen ethische Überlegungen über die bloße Einhaltung gesetzlicher Vorschriften hinaus. Unternehmen müssen bei der Nutzung von Daten einen ethischen Ansatz verfolgen und sicherstellen, dass Erkenntnisse aus der Datenanalyse nicht zur Manipulation oder Ausbeutung von Verbrauchern verwendet werden. Dazu gehört die Vermeidung von Praktiken wie übermäßig aufdringlichem Targeting, datenbasierter Diskriminierung oder

der unethischen Verwendung sensibler Daten.

Die Bedeutung der Ethik bei der Datenanalyse hängt auch mit dem Aufbau des Vertrauens der Verbraucher zusammen. In einem Umfeld, in dem Bedenken hinsichtlich Datenschutz und Datensicherheit groß sind, können sich Unternehmen, die sich zu ethischen und verantwortungsvollen Praktiken verpflichten, von anderen abheben und die Kundenbindung stärken.

Zusammenfassend lässt sich sagen, dass Datenschutz und Ethik bei der Datenanalyse für digitales Marketing im Jahr 2024 wesentliche Aspekte sind, mit denen sich Unternehmen ernsthaft auseinandersetzen müssen. Durch die Einführung verantwortungsvoller und konformer Datenverwaltungspraktiken und die Verpflichtung, Daten ethisch und transparent zu nutzen, können Unternehmen nicht nur Vorschriften einhalten, sondern auch das Vertrauen und die Loyalität ihrer Kunden stärken.

4.2 Vorhersage- und Verhaltensanalyse

4.2.1 Grundlagen der Predictive Analytics

Im Jahr 2024 ist Predictive Analytics zu einem unverzichtbaren Instrument im Bereich des digitalen Marketings geworden, das es Unternehmen ermöglicht, zukünftige Trends, Verbraucherverhalten und Kampagnenergebnisse vorherzusagen. Basierend auf der Nutzung von Daten, Statistiken und Modellen des maschinellen Lernens hilft Predictive Analytics Unternehmen dabei, Kundenbedürfnisse und -wünsche zu antizipieren, Marketingstrategien zu optimieren und fundierte Entscheidungen zu treffen.

Predictive Analytics basiert auf der Sammlung und Analyse großer Mengen historischer und aktueller Daten. Zu diesen Daten können Informationen über Kundentransaktionen, Website- und Social-Media-Interaktionen, Kaufgewohnheiten und sogar externe Daten wie Wirtschaftstrends oder Wetterbedingungen gehören. Durch die Analyse dieser Daten können Unternehmen Muster und Trends erkennen, die ihnen helfen, vergangenes und aktuelles Verbraucherverhalten zu verstehen.

Sobald diese Muster identifiziert sind, nutzt Predictive Analytics verschiedene statistische und maschinelle Lerntechniken, um Vorhersagemodelle zu erstellen. Diese Modelle sind in der Lage, zukünftige Ergebnisse auf der Grundlage historischer Daten vorherzusagen. Mithilfe eines Vorhersagemodells kann beispielsweise vorhergesagt werden, welche Kunden wahrscheinlich positiv auf eine bestimmte Marketingkampagne reagieren, wie hoch die Wahrscheinlichkeit ist, dass sie von einer

Dienstleistung abwandern, oder welche Produkte ein Kunde wahrscheinlich als nächstes kaufen wird.

Einer der Hauptvorteile von Predictive Analytics ist ihre Fähigkeit, Unternehmen dabei zu helfen, proaktive statt reaktive Entscheidungen zu treffen. Anstatt auf sich abzeichnende Trends zu warten, können Unternehmen mithilfe prädiktiver Analysen Marktveränderungen antizipieren und ihre Strategien entsprechend anpassen. Dies kann zu einer besseren Ressourcenzuweisung, gezielteren Marketingkampagnen und einer allgemeinen Verbesserung der betrieblichen Effizienz führen.

Darüber hinaus spielt Predictive Analytics eine entscheidende Rolle bei der Marketing-Personalisierung. Durch das Verständnis individueller Kundenverhaltensweisen und -präferenzen können Unternehmen personalisierte Erlebnisse schaffen, die die Kundenbindung und -treue steigern. Durch die Vorhersage der Produktpräferenzen eines Kunden kann ein Unternehmen beispielsweise seine Produktempfehlungen personalisieren und so ein relevanteres und zufriedenstellenderes Einkaufserlebnis bieten.

Zusammenfassend lässt sich sagen, dass die Grundlagen der Predictive Analytics im digitalen Marketing im Jahr 2024 in der Fähigkeit liegen, große Datenmengen in wertvolle und prädiktive Erkenntnisse umzuwandeln. Durch die Antizipation zukünftiger Trends und das Verständnis des Verbraucherverhaltens können Unternehmen ihre Marketingstrategien optimieren, personalisierte Kundenerlebnisse bieten und in einem sich ständig verändernden Markt wettbewerbsfähig bleiben.

4.2.2 Verbraucherverhalten verstehen

Im Jahr 2024 ist das Verständnis des Verbraucherverhaltens zu einem grundlegenden Aspekt des digitalen Marketings geworden und ermöglicht es Unternehmen, effektivere und personalisiertere Strategien zu entwickeln. Die Analyse des Verbraucherverhaltens umfasst die eingehende Untersuchung von Kundenaktionen, Motivationen, Vorlieben und Kaufentscheidungen unter Verwendung einer Kombination aus quantitativen und qualitativen Daten.

Die Analyse des Verbraucherverhaltens beginnt mit der Erfassung von Daten über verschiedene Touchpoints hinweg. Dazu gehören Interaktionen auf Websites, mobilen Anwendungen, sozialen Netzwerken, physischen Verkaufsstellen und Kundendienstinteraktionen. Diese Daten liefern wertvolle Erkenntnisse darüber, wie Verbraucher mit der Marke interagieren, welche Produkte sie bevorzugen, welche Wege sie vor dem Kauf einschlagen und welche Faktoren ihre Kaufentscheidungen beeinflussen.

Der Einsatz fortschrittlicher Analysetools

ermöglicht es Unternehmen, diese riesigen Datensätze zu entschlüsseln, um Trends und Muster zu erkennen. Beispielsweise kann die Analyse von Website-Clickstreams wichtige Phasen aufdecken, in denen Kunden ihren Warenkorb verlassen, während die Analyse von Social-Media-Interaktionen Einblicke in die Einstellungen und Wahrnehmungen der Verbraucher gegenüber der Marke liefern kann.

Um das Verbraucherverhalten zu verstehen, gehört neben quantitativen Daten auch die Analyse qualitativer Daten wie Kundenrezensionen, Rezensionen und Feedback dazu. Diese qualitativen Informationen bieten tiefere Einblicke in die Motivationen, Bedürfnisse und Bedenken der Kunden und ergänzen quantitative Daten, um ein vollständiges Bild des Verbraucherverhaltens zu erstellen.

Verhaltensanalysen helfen auch dabei, Kunden anhand ihres Verhaltens, ihrer Vorlieben und ihrer demografischen Merkmale in verschiedene Gruppen einzuteilen. Diese Segmentierung ermöglicht es Unternehmen, ihre Marketingbotschaften präziser auszurichten und Kampagnen zu erstellen, die auf die spezifischen Bedürfnisse und Wünsche jedes Segments eingehen.

Darüber hinaus ist das Verständnis des Verbraucherverhaltens für die Personalisierung von entscheidender Bedeutung. Durch die Identifizierung individueller Präferenzen und

Kaufverhaltensweisen können Unternehmen ihre Angebote, Empfehlungen und Kommunikation für jeden Kunden personalisieren. Diese personalisierte Ansprache erhöht nicht nur die Effektivität von Marketingkampagnen, sondern verbessert auch das Kundenerlebnis und stärkt dadurch die Loyalität und Zufriedenheit.

Zusammenfassend lässt sich sagen, dass das Verständnis des Verbraucherverhaltens im Jahr 2024 entscheidend für den Erfolg des digitalen Marketings ist. Durch die Kombination quantitativer und qualitativer Datenanalyse können Unternehmen ein tieferes Verständnis ihrer Kunden erlangen und so gezieltere, personalisiertere und effektivere Marketingstrategien entwickeln. Dieser kundenorientierte Ansatz ist für den Aufbau dauerhafter Beziehungen und die Erhaltung der Wettbewerbsfähigkeit in einem sich ständig verändernden Markt von entscheidender Bedeutung.

4.2.3 Werkzeuge und Techniken

Im Jahr 2024 werden vielfältige Tools und Techniken eingesetzt, um prädiktive und Verhaltensanalysen im digitalen Marketing durchzuführen. Diese Tools und Techniken ermöglichen es Unternehmen, Daten effektiv zu sammeln, zu analysieren und zu interpretieren, um das Verbraucherverhalten zu verstehen und zu antizipieren.

Fortschrittliche Datenanalysetools sind das Herzstück der prädiktiven und Verhaltensanalyse. Plattformen wie Google Analytics, Adobe Analytics und andere spezialisierte Tools bieten detaillierte Einblicke in das Nutzerverhalten online. Mit diesen Tools können Sie Benutzerreisen auf Websites verfolgen, Konversionsraten analysieren, das Engagement auf verschiedenen Seiten messen und Navigationsmuster verstehen. Sie bieten außerdem erweiterte Segmentierungsfunktionen, die es Unternehmen ermöglichen, bestimmte Kundengruppen basierend auf ihrem Verhalten anzusprechen.

Künstliche Intelligenz (KI) und maschinelles Lernen sind ebenfalls wesentliche Bestandteile von Predictive Analytics. Diese Technologien ermöglichen es Unternehmen, große Datenmengen zu verarbeiten und komplexe Muster zu identifizieren, die manuell nur schwer zu erkennen wären. Beispielsweise können Algorithmen für maschinelles Lernen zukünftiges Kundenverhalten, wie z. B. Kauf- oder Abwanderungswahrscheinlichkeiten, auf der Grundlage historischer Daten vorhersagen.

Tools für das Kundenbeziehungsmanagement (CRM) spielen bei der Verhaltensanalyse eine entscheidende Rolle. Diese Systeme helfen Unternehmen dabei, detaillierte Informationen über ihre Kunden zu sammeln und zu verwalten, einschließlich vergangener Interaktionen, Präferenzen und Kaufhistorien. Durch die Integration von CRM-Daten mit Analysetools können Unternehmen eine 360-Grad-Ansicht ihrer Kunden erhalten, was für eine effektive Personalisierung unerlässlich ist.

Auch Social-Media-Plattformen und Social-Media-Analysetools liefern wertvolle Daten für die Verhaltensanalyse. Mit diesen Tools können Unternehmen Markenerwähnungen überwachen, die Stimmung der Benutzer analysieren und Trends in sozialen Medien verfolgen. Diese Erkenntnisse helfen Unternehmen, die Einstellungen und Wahrnehmungen der Verbraucher gegenüber ihrer Marke und ihren Produkten zu verstehen.

Abschließend werden Datenvisualisierungstechniken eingesetzt, um die Ergebnisse der Analyse verständlich und umsetzbar darzustellen. Tools wie Tableau, Qlik oder Microsoft Power BI ermöglichen Unternehmen die Erstellung interaktiver Dashboards und visueller Berichte, wodurch es einfacher wird, Daten zu interpretieren und datengesteuerte Entscheidungen zu treffen.

Zusammenfassend lässt sich sagen, dass die Tools und Techniken für Vorhersage- und Verhaltensanalysen im Jahr 2024 vielfältig und anspruchsvoll sind und von Datenanalyse- und CRM-Tools bis hin zu KI und maschinellem Lernen, Social-Media-

Tools und Datenvisualisierung reichen. Der effektive Einsatz dieser Tools ermöglicht es Unternehmen, ihre Kunden genau zu verstehen, zukünftige Trends vorherzusagen und gezieltere und personalisiertere Marketingstrategien zu entwickeln.

4.2.4 Fallstudien

Im Jahr 2024 veranschaulichen mehrere Fallstudien den erheblichen Einfluss von Vorhersage- und Verhaltensanalysen im digitalen Marketing und zeigen, wie verschiedene Unternehmen diese Ansätze genutzt haben, um ihr Verbraucherverständnis zu verbessern und ihre Marketingstrategien zu optimieren.

Ein bemerkenswertes Beispiel ist ein großes E-Commerce-Unternehmen, das prädiktive Analysen nutzte, um Produktempfehlungen für seine Kunden zu personalisieren. Durch die Analyse historischer Kaufdaten, Browsing-Präferenzen und Benutzerinteraktionen mit Produkten konnte das Unternehmen Algorithmen für maschinelles Lernen entwickeln, um vorherzusagen, welche Produkte für jeden Kunden am interessantesten wären. Dieser personalisierte Ansatz steigerte nicht nur die Konversionsraten, sondern verbesserte auch das Einkaufserlebnis der Kunden und stärkte so ihre Markentreue.

In der Finanzdienstleistungsbranche implementierte eine Bank

Verhaltensanalysetechniken, um Betrug zu erkennen und zu verhindern. Durch die Analyse der Transaktionsmuster und des Surfverhaltens der Kunden konnte die Bank verdächtige Aktivitäten identifizieren, die vom normalen Kundenverhalten abwichen. Diese proaktive Betrugserkennung half der Bank, ihre Kunden zu schützen und finanzielle Verluste aufgrund betrügerischer Aktivitäten zu reduzieren.

Eine weitere Fallstudie betrifft ein Telekommunikationsunternehmen, das prädiktive Analysen einsetzte, um die Abwanderung zu reduzieren. Durch die Analyse von Kundendaten wie Servicenutzung, Kundendienstinteraktionen und Beschwerdegründen konnte das Unternehmen Kunden identifizieren, bei denen das Risiko einer Abwanderung besteht. Durch die gezielte Ansprache dieser Kunden mit personalisierten Angeboten und proaktiven Interventionen konnte das Unternehmen die Kundenzufriedenheit verbessern und die Abwanderungsrate deutlich reduzieren.

Im Gesundheitsbereich nutzte ein Pharmaunternehmen Verhaltensanalysen, um seine Sensibilisierungskampagnen zu optimieren. Durch die Analyse von Daten zu Online-Suchgewohnheiten und Social-Media-Interaktionen konnte das Unternehmen Patientengruppen identifizieren, die am wahrscheinlichsten an seinen Medikamenten interessiert sind. Gezielte Kampagnen verbesserten nicht nur die Wirksamkeit der Marketingbemühungen, sondern halfen den Patienten auch, schneller auf die benötigten Informationen und Behandlungen zuzugreifen.

Schließlich nutzte ein Unterhaltungsunternehmen Predictive Analytics, um seine Content-Programmierung zu optimieren. Durch die Analyse von Zuschauerdaten, Benutzerpräferenzen und Markttrends konnte das Unternehmen vorhersagen, welche Inhaltsgenres am beliebtesten sein würden, und sein Programm entsprechend planen. Diese datengesteuerte Strategie hat es dem Unternehmen ermöglicht, ein breiteres Publikum anzuziehen und zu binden und so seinen Erfolg und seine Rentabilität zu steigern. Diese Fallstudien zeigen, wie prädiktive und Verhaltensanalysen branchenübergreifend eingesetzt werden können, um das Verbraucherverständnis zu verbessern, Marketingstrategien zu optimieren und Geschäftsergebnisse zu verbessern. Durch die Nutzung der Macht von Daten können Unternehmen fundiertere Entscheidungen treffen, personalisierte Kundenerlebnisse bieten und in einem sich ständig verändernden Geschäftsumfeld wettbewerbsfähig bleiben.

4.3 Datenanalyse- und

Interpretationstools

4.3.1 Übersicht über Analysetools

Im Jahr 2024 ist das Angebot an Datenanalyse- und Interpretationstools für das digitale Marketing breiter und ausgefeilter denn je. Diese Tools spielen eine entscheidende Rolle dabei, Unternehmen dabei zu helfen, die riesigen gesammelten Datenmengen in umsetzbare und strategische Erkenntnisse umzuwandeln. Sie variieren in Komplexität und Funktionalität und reichen von einfachen Datenanalyselösungen bis hin zu fortschrittlichen Plattformen, die künstliche Intelligenz und maschinelles Lernen integrieren.

Webanalysetools wie Google Analytics bleiben für die Überwachung und Analyse des Webverkehrs unverzichtbar. Sie liefern detaillierte Informationen über das Nutzerverhalten auf Websites, einschließlich besuchter Seiten, Sitzungsdauer, Absprungraten und Konversionspfade. Diese Tools sind unerlässlich, um zu verstehen, wie Benutzer mit einer Website interagieren, und um Optimierungsmöglichkeiten zu identifizieren, um das Benutzererlebnis zu verbessern und die Conversions zu steigern.

Für Social-Media-Analysen bieten Tools wie Hootsuite, Sprout Social und Buffer Funktionen zum Verfolgen und Analysieren der Leistung auf verschiedenen Social-

Media-Plattformen. Mit diesen Tools können Unternehmen Markenerwähnungen überwachen, das Nutzerengagement analysieren, das Follower-Wachstum verfolgen und die Wirksamkeit von Social-Media-Kampagnen messen. Sie sind entscheidend für die Anpassung von Inhalten und Engagement-Strategien in sozialen Medien.

Fortschrittliche Datenanalyseplattformen wie Tableau, Qlik und Microsoft Power BI ermöglichen eine tiefere Datenvisualisierung und -analyse. Diese Tools bieten leistungsstarke Datenvisualisierungsfunktionen, mit denen Unternehmen interaktive Dashboards und benutzerdefinierte Berichte erstellen können. Sie eignen sich besonders für mehrdimensionale Analysen und die Gewinnung von Erkenntnissen aus großen Datenmengen.

Auch die Integration von künstlicher Intelligenz und maschinellem Lernen in Analysetools hat neue Möglichkeiten eröffnet. Plattformen wie IBM Watson und Salesforce Einstein bieten prädiktive Analysen und Funktionen zur Verarbeitung natürlicher Sprache, sodass Unternehmen zukünftige Trends vorhersagen, die Kundenstimmung analysieren und komplexe Analyseaufgaben automatisieren können. Diese Tools sind besonders wertvoll für Unternehmen, die das Potenzial von Big Data nutzen und tiefere, differenziertere Erkenntnisse gewinnen möchten.

Schließlich ermöglichen Tools für das Kundenbeziehungsmanagement (CRM) mit

Analysefunktionen wie Salesforce oder HubSpot es Unternehmen, Vertriebs-, Marketing- und Kundendienstdaten zu kombinieren, um einen umfassenden Überblick über die Kundeninteraktionen zu erhalten. Diese Systeme helfen dabei, die Customer Journey zu verfolgen, Kunden zu segmentieren und Interaktionen zu personalisieren. Sie spielen eine Schlüsselrolle bei der Verbesserung des Kundenerlebnisses und der Steigerung der Markentreue.

Zusammenfassend zeigt der Überblick über Analysetools im Jahr 2024 eine reichhaltige und vielfältige Landschaft, die Unternehmen eine Vielzahl von Möglichkeiten zur Analyse und Interpretation von Daten bietet. Die Auswahl und effektive Nutzung dieser Tools ist für Unternehmen, die das Beste aus ihren Daten herausholen und fundierte Marketingentscheidungen in einem sich ständig verändernden Geschäftsumfeld treffen möchten, von entscheidender Bedeutung.

4.3.2 Dateninterpretation

Im Jahr 2024 ist die Dateninterpretation im digitalen Marketing zu einer wesentlichen Fähigkeit geworden, die es Unternehmen ermöglicht, riesige Mengen an Rohdaten in strategische, umsetzbare Erkenntnisse umzuwandeln. Die Dateninterpretation geht über die einfache Sammlung und Analyse hinaus;

Dabei geht es darum, den Kontext zu verstehen, Bedeutungen abzuleiten und relevante Schlussfolgerungen zu ziehen, die als Leitfaden für Marketingentscheidungen dienen können.

Eine effektive Dateninterpretation beginnt mit einem klaren Verständnis der Geschäfts- und Marketingziele. Bevor Sie sich mit der Analyse befassen, ist es wichtig zu definieren, was das Unternehmen verstehen oder erreichen möchte. Dazu kann es gehören, neue Marktsegmente zu identifizieren, das Kundenerlebnis zu verbessern, die Konversionsraten zu erhöhen oder die Gründe für rückläufige Umsätze zu verstehen. Klare Ziele helfen bei der Analyse und stellen sicher, dass die gewonnenen Erkenntnisse relevant und nützlich sind.

Sobald die Ziele definiert sind, besteht der nächste Schritt darin, die Daten unter Berücksichtigung des spezifischen Kontexts des Unternehmens und des Marktes zu analysieren. Dabei geht es darum, über die Zahlen hinauszuschauen und die zugrunde liegenden Faktoren zu verstehen, die die Ergebnisse beeinflussen können. Beispielsweise könnte ein Umsatzrückgang in einer bestimmten Region eher auf externe Faktoren wie wirtschaftliche Veränderungen oder Wettbewerbstrends als auf interne Probleme zurückzuführen sein.

Auch die Interpretation von Daten erfordert einen kritischen und analytischen Ansatz. Unternehmen müssen in der Lage sein,

Korrelation von Kausalität zu unterscheiden und sich möglicher Verzerrungen in den Daten bewusst zu sein. Beispielsweise bedeutet ein Anstieg des Website-Verkehrs nicht zwangsläufig eine Steigerung des Produktinteresses; es könnte auch das Ergebnis saisonaler Faktoren oder aktueller Marketingkampagnen sein.

Die Verwendung von Datenvisualisierungen ist ein leistungsstarkes Werkzeug zur Dateninterpretation. Grafiken, Dashboards und Heatmaps können dabei helfen, Daten so darzustellen, dass Trends, Muster und Anomalien leicht erkennbar sind. Eine effektive Visualisierung macht Daten zugänglicher und verständlicher und erleichtert so die datengesteuerte Entscheidungsfindung.

Schließlich muss die Interpretation der Daten in konkrete Maßnahmen umgesetzt werden. Aus Daten gewonnene Erkenntnisse sollten genutzt werden, um Marketingstrategien zu informieren, Änderungen an Produkten oder Dienstleistungen vorzunehmen oder Geschäftsprozesse zu verbessern. Ergibt die Analyse beispielsweise, dass bestimmte Produkte bei einem Kundensegment besonders beliebt sind, kann sich das Unternehmen dafür entscheiden, seine Marketingbemühungen auf dieses Segment zu konzentrieren oder seine Produktpalette in dieser Kategorie zu erweitern.

Zusammenfassend lässt sich sagen, dass die Interpretation von Daten im Jahr 2024 ein komplexer Prozess ist, der ein klares Verständnis der Ziele, Kontextanalyse, kritisches Denken, effektive Datenvisualisierung und die Umsetzung von Erkenntnissen in Maßnahmen erfordert. Unternehmen, die die Kunst der Dateninterpretation beherrschen, sind besser gerüstet, um sich in der dynamischen digitalen Marketinglandschaft zurechtzufinden, die Bedürfnisse ihrer Kunden effektiv zu erfüllen und in einem sich ständig verändernden Geschäftsumfeld wettbewerbsfähig zu bleiben.

4.3.3 Datenvisualisierung

Im Jahr 2024 ist die Datenvisualisierung zu einem entscheidenden Bestandteil des digitalen Marketings geworden und spielt eine entscheidende Rolle dabei, wie Unternehmen Erkenntnisse aus ihren Analysen verstehen und kommunizieren. Die Datenvisualisierung wandelt komplexe Datensätze in klare, verständliche grafische Darstellungen um und erleichtert so die Interpretation und Entscheidungsfindung.

Die Datenvisualisierung hilft dabei, komplexe Informationen auf intuitive und ansprechende Weise darzustellen. Grafiken, Diagramme, Heatmaps und Infografiken verwandeln rohe Zahlen in leicht verständliche visuelle Darstellungen. Beispielsweise kann ein interaktives Dashboard die Leistung einer Marketingkampagne anhand einer Reihe von

Diagrammen anzeigen, sodass Vermarkter schnell beurteilen können, welche Aspekte der Kampagne gut funktionieren und welche angepasst werden müssen.

Einer der Hauptvorteile der Datenvisualisierung ist ihre Fähigkeit, Trends und Muster aufzudecken, die in Tabellen mit Rohdaten möglicherweise unbemerkt bleiben. Beispielsweise kann eine Visualisierung saisonale Trends im Kaufverhalten von Verbrauchern hervorheben oder Zusammenhänge zwischen bestimmten Marketingaktivitäten und Umsatzspitzen aufzeigen. Diese Erkenntnisse können Unternehmen dabei helfen, ihre Marketingstrategien zu optimieren und ihre Bemühungen effektiver auszurichten.

Die Datenvisualisierung ist auch für die Vermittlung komplexer Erkenntnisse an Stakeholder unerlässlich, die möglicherweise nicht über Fachkenntnisse in der Datenanalyse verfügen. Klare, attraktive Grafiken können Daten für funktionsübergreifende Teams, das Management oder sogar externe Kunden leichter zugänglich machen. Durch die verständliche Darstellung von Daten können Unternehmen produktivere Diskussionen und fundierte Entscheidungen ermöglichen.

Moderne Datenvisualisierungstools bieten erhebliche Flexibilität und Interaktivität. Plattformen wie Tableau, Microsoft Power BI und Qlik Sense ermöglichen es Benutzern, benutzerdefinierte Visualisierungen zu erstellen, die auf ihre spezifischen Bedürfnisse zugeschnitten sind. Diese Tools bieten Funktionen wie interaktive Filterung, Echtzeitanalysen und die Möglichkeit, Daten auf verschiedenen Granularitätsebenen zu untersuchen.

Darüber hinaus spielt die Datenvisualisierung eine wichtige Rolle bei der Erkennung von Anomalien und potenziellen Problemen. Durch die Visualisierung von Daten können Unternehmen Abweichungen von normalen Trends schnell erkennen, die ein Zeichen für zugrunde liegende Probleme in Marketingstrategien oder Geschäftsabläufen sein können. Diese Früherkennung ermöglicht es Unternehmen, Korrekturmaßnahmen zu ergreifen, bevor diese Probleme schwerwiegender werden.

Zusammenfassend lässt sich sagen, dass die Datenvisualisierung im Jahr 2024 ein unverzichtbarer Aspekt der Datenanalyse im digitalen Marketing ist. Es vereinfacht und verdeutlicht nicht nur die Interpretation von Daten, sondern kommuniziert auch effektiv komplexe Erkenntnisse, deckt wichtige Trends und Muster auf und erleichtert die datengesteuerte Entscheidungsfindung. In einer Welt, in der Daten immer umfangreicher und komplexer werden, ist eine effektive Datenvisualisierung unerlässlich, um Erkenntnisse in strategische Maßnahmen umzuwandeln.

4.3.4 Integration von Erkenntnissen in die Strategie

Im Jahr 2024 ist die Integration von Erkenntnissen aus der Datenanalyse in die Marketingstrategie zu einer unverzichtbaren Praxis für Unternehmen geworden, die in einem sich ständig verändernden digitalen Umfeld wettbewerbsfähig bleiben möchten. Diese Integration ermöglicht es Unternehmen, fundierte Entscheidungen zu treffen, ihre Kampagnen zu optimieren und effektiver auf die Bedürfnisse und Erwartungen der Verbraucher zu reagieren.

Die Integration von Erkenntnissen in die Marketingstrategie beginnt mit einem tiefen Verständnis der gesammelten und analysierten Daten. Erkenntnisse können Informationen über Verbraucherpräferenzen, die Wirksamkeit von Marketingkanälen, Markttrends und Kaufverhalten liefern. Damit diese Erkenntnisse nützlich sind, müssen sie relevant, zuverlässig und umsetzbar sein. Dazu gehört nicht nur, dass wir über fortschrittliche Analysetools verfügen, sondern auch über ein Team, das in der Lage ist, die Daten richtig zu interpretieren.

Sobald die Erkenntnisse gewonnen sind, besteht der nächste Schritt darin, sie in die Planung und Umsetzung von Marketingstrategien zu integrieren. Dies kann die Anpassung von

Werbekampagnen, die Personalisierung von Angeboten für verschiedene Kundensegmente oder die Änderung von Produkten und Dienstleistungen umfassen, um den Marktanforderungen besser gerecht zu werden. Wenn Daten beispielsweise eine hohe Nachfrage nach einem bestimmten Produkttyp ergeben, kann das Unternehmen die Produktion dieses Produkts steigern oder zusätzliche Varianten entwickeln.

Die Integration von Erkenntnissen in die Marketingstrategie erfordert außerdem einen flexiblen und reaktionsschnellen Ansatz. Der Markt und das Verbraucherverhalten ändern sich schnell und Unternehmen müssen bereit sein, ihre Strategien auf der Grundlage neuer Informationen anzupassen. Dies kann das Testen verschiedener Ansätze, das Messen der Ergebnisse und das Vornehmen schneller Anpassungen zur Optimierung der Leistung umfassen.

Für die effektive Integration von Erkenntnissen in die Marketingstrategie ist eine funktionsübergreifende Zusammenarbeit unerlässlich. Marketing-, Vertriebs-, Produkt- und Kundendienstteams müssen zusammenarbeiten, um sicherzustellen, dass Erkenntnisse im gesamten Unternehmen geteilt und konsistent genutzt werden. Diese Zusammenarbeit stellt sicher, dass alle Entscheidungen unter Berücksichtigung des vollständigen Blicks auf den Kunden und den Markt getroffen werden.

Schließlich sollte die Integration von Erkenntnissen in die Marketingstrategie ein fortlaufender Prozess sein. Unternehmen müssen Mechanismen einrichten, um die Leistung kontinuierlich zu überwachen, neue Daten zu sammeln und ihre Strategien entsprechend anzupassen. Dazu gehört nicht nur die Verfolgung von KPIs und Leistungskennzahlen, sondern auch die Berücksichtigung von Veränderungen der Verbraucherpräferenzen und der Marktdynamik.

Zusammenfassend lässt sich sagen, dass die Integration von Erkenntnissen aus der Datenanalyse in die Marketingstrategie im Jahr 2024 ein entscheidender Aspekt für den Geschäftserfolg ist. Indem Unternehmen Daten nutzen, um Entscheidungen zu treffen, flexibel und reaktionsfähig zu bleiben und die funktionsübergreifende Zusammenarbeit zu fördern, können sie gezieltere, personalisiertere und effektivere Marketingstrategien entwickeln, ihre Marktposition stärken und das Kundenerlebnis verbessern.

ABSCHLUSS

„Die ständige Neubewertung Ihrer Überzeugungen ist für Innovation unerlässlich."

Elon Musk

Zusammenfassung der wichtigsten Trends

Zusammenfassend lässt sich sagen, dass das Jahr 2024 von mehreren Schlüsseltrends im Bereich des digitalen Marketings geprägt sein wird, die die rasante Entwicklung von Technologien und Verbraucherverhalten widerspiegeln. Diese Trends haben die Art und Weise geprägt, wie Unternehmen an Marketing herangehen und mit ihrem Publikum interagieren.

Erstens ist die zunehmende Bedeutung von Big Data im digitalen Marketing unbestreitbar. Unternehmen haben ausgefeilte Strategien zur Erfassung, Analyse und Nutzung großer Datenmengen eingeführt, um die Bedürfnisse ihrer Kunden besser zu verstehen und zu erfüllen. Die Analyse dieser Daten hat eine weitere Personalisierung von Marketingkampagnen, eine genauere Marktsegmentierung und ein besseres Verständnis der Customer Journey ermöglicht.

Zweitens sind prädiktive Analysen und Verhaltensanalysen in den Mittelpunkt gerückt, die es Unternehmen ermöglichen, nicht nur vergangene und aktuelle Verbraucheraktionen zu verstehen, sondern auch zukünftige Trends vorherzusagen. Dieser Ansatz hat es Unternehmen ermöglicht, ihre Marketingstrategien proaktiver zu gestalten, Kundenbedürfnisse zu antizipieren und ihre Angebote entsprechend anzupassen.

Die Blockchain-Technologie hat sich auch zu einem leistungsstarken Instrument zur Erhöhung der Transparenz und Sicherheit im digitalen Marketing entwickelt. Seine Anwendung bei der Rückverfolgbarkeit von Produkten, der Verwaltung von Treueprogrammen und der digitalen Werbung hat dazu beigetragen, das Vertrauen der Verbraucher aufzubauen und die Wirksamkeit von Marketingkampagnen zu verbessern.

Darüber hinaus hat die Integration von Augmented Reality (AR)- und Virtual Reality (VR)-Technologien neue Möglichkeiten für die Schaffung immersiver und interaktiver Kundenerlebnisse eröffnet. Diese Technologien haben es Marken ermöglicht, sich durch die Bereitstellung einzigartiger und unvergesslicher

Erlebnisse hervorzuheben und so die Kundenbindung und -treue zu stärken.

Der Einsatz von Datenanalyse- und Visualisierungstools spielte eine entscheidende Rolle bei der Interpretation und Kommunikation von Erkenntnissen. Diese Tools haben es Unternehmen ermöglicht, komplexe Daten in verständliche und umsetzbare Erkenntnisse umzuwandeln und so eine datengesteuerte Entscheidungsfindung zu erleichtern.

Schließlich ist die Integration von Erkenntnissen in die Marketingstrategie von entscheidender Bedeutung für den Geschäftserfolg. Durch die Nutzung von Daten zur Entscheidungsfindung konnten Unternehmen gezieltere, personalisiertere und effektivere Marketingstrategien entwickeln.

Diese wichtigen Trends für 2024 zeigen die wachsende Bedeutung von Datenanalyse, Technologie und Personalisierung im digitalen Marketing. Unternehmen, die diese Trends übernommen und in ihre Marketingstrategien integriert haben, haben nicht nur ihre Kundenbeziehungen verbessert, sondern auch ihre Position in einem zunehmend wettbewerbsintensiven Markt gestärkt.

Tipps, um auf dem Laufenden zu bleiben

Um im sich ständig verändernden Bereich des digitalen Marketings im Jahr 2024 auf dem Laufenden zu bleiben, ist es für Fachleute und Unternehmen unerlässlich, einen proaktiven und informierten Ansatz zu verfolgen. Hier sind einige wichtige Tipps, um in dieser dynamischen Branche an der Spitze zu bleiben.

Zunächst einmal ist die kontinuierliche Weiterbildung von entscheidender Bedeutung. Die digitale Marketinglandschaft entwickelt sich durch die Einführung neuer Technologien und Strategien rasant weiter. Fachleute müssen sich daher kontinuierlich weiterbilden, um über die neuesten Trends, Tools und Best Practices auf dem Laufenden zu bleiben. Dies kann die Teilnahme an Webinaren, Konferenzen, Workshops oder die Teilnahme an Online-Kursen zu relevanten Themen wie Datenanalyse, künstliche Intelligenz im Marketing oder den neuesten Trends in den sozialen Medien umfassen.

Zweitens ist es wichtig, eine aktive Technologie- und Marktbeobachtung zu betreiben. Das bedeutet, dass Sie Branchenpublikationen, Blogs, Podcasts und Influencern folgen, die Einblicke in die neuesten Entwicklungen im digitalen Marketing geben. Das Abonnieren relevanter Newsletter, das Verfolgen von Vordenkern in sozialen Medien und die Teilnahme an professionellen Online-Gruppen können wertvolle Informationen und aktuelle Perspektiven liefern.

Auch Zusammenarbeit und Vernetzung spielen

eine wichtige Rolle. Der Kontakt mit Kollegen, Branchenexperten und Fachleuten aus anderen Sektoren kann neue Ideen und Perspektiven bieten. Die Teilnahme an Branchenveranstaltungen, Online-Foren und Diskussionsgruppen kann dabei helfen, über aktuelle Trends auf dem Laufenden zu bleiben und Erfahrungen und Wissen auszutauschen.

Auch das Experimentieren mit neuen Technologien und Strategien ist unerlässlich. Unternehmen müssen bereit sein, neue Ansätze zu testen und in ihre Marketingstrategien umzusetzen. Dies kann das Experimentieren mit Augmented-Reality-Kampagnen, die Einführung prädiktiver Analysetools oder die Erkundung neuer Social-Media-Kanäle umfassen. Durch Experimente können Sie nicht nur verstehen, was am besten funktioniert, sondern auch Innovationen hervorbringen und sich auf einem wettbewerbsintensiven Markt hervorheben.

Schließlich ist es entscheidend, kundenorientiert zu bleiben. Trotz der rasanten Entwicklung von Technologien und Tools bleibt das Hauptziel des digitalen Marketings die Erfüllung der Bedürfnisse und Erwartungen der Kunden. Unternehmen müssen daher weiterhin auf ihre Kunden hören, Feedback einholen und ihre Strategien anpassen, um außergewöhnliche Kundenerlebnisse zu bieten.

Zusammenfassend lässt sich sagen, dass es, um im digitalen Marketing im Jahr 2024 auf dem neuesten Stand zu bleiben, unerlässlich ist, sich kontinuierlich weiterzubilden, eine aktive Überwachung zu praktizieren, mit Branchenexperten zusammenzuarbeiten und sich zu vernetzen, mit neuen Technologien und Strategien zu experimentieren und kundenorientiert zu bleiben. Durch die Übernahme dieser Ansätze können Fachleute und Unternehmen nicht nur mit den schnellen Veränderungen Schritt halten, sondern auch die sich bietenden Chancen in diesem dynamischen Bereich nutzen.

Zukunftsvision des digitalen Marketings

Während wir uns die Zukunft des digitalen Marketings über das Jahr 2024 hinaus vorstellen, versprechen mehrere Trends und Entwicklungen, die Landschaft dieser Branche maßgeblich zu prägen. Die anhaltende Konvergenz von Technologie, Daten und Kreativität birgt das Potenzial, neue Chancen und Herausforderungen für Vermarkter zu schaffen.

Einer der bedeutendsten Trends ist der anhaltende Aufstieg von künstlicher Intelligenz (KI) und maschinellem Lernen. Es wird erwartet, dass diese Technologien noch ausgefeilter werden und eine noch stärkere Personalisierung und Automatisierung von Marketingkampagnen ermöglichen. KI könnte dazu beitragen, hyperpersonalisierte Kundenerlebnisse zu schaffen, bei denen Nachrichten und Angebote in Echtzeit an das Verhalten und die Vorlieben jedes Einzelnen angepasst werden. Darüber hinaus könnte KI eine entscheidende Rolle bei der prädiktiven Analyse spielen und Unternehmen dabei helfen, Kundenbedürfnisse vorherzusehen, bevor sie überhaupt entstehen.

Auch Augmented Reality (AR) und Virtual Reality (VR) werden das Kundenerlebnis voraussichtlich weiter verändern. Diese Technologien könnten zu Mainstream-Tools für die Verbrauchereinbindung werden und immersive und interaktive Erlebnisse bieten, die über herkömmliche Bildschirme hinausgehen. Marken könnten AR und VR nutzen, um virtuelle Einkaufserlebnisse, interaktive Produktdemonstrationen oder sogar die Schaffung vollständig immersiver Markenwelten zu bieten.

Datenschutz und Datenethik werden weiterhin große Anliegen sein. Angesichts der zunehmenden Datenerfassung müssen sich Unternehmen in einer sich ständig ändernden Regulierungslandschaft zurechtfinden und gleichzeitig das Vertrauen der Verbraucher wahren. Marken, die Innovation und Datenverantwortung erfolgreich in Einklang bringen, gewinnen das Vertrauen und die Loyalität ihrer Kunden.

Die Zukunft des digitalen Marketings wird

auch eine tiefere Integration zwischen Online- und Offline-Kanälen beinhalten. Omnichannel-Marketing, das ein nahtloses und konsistentes Kundenerlebnis über alle Kanäle hinweg bietet, wird zur Norm werden. Unternehmen werden integrierte Daten nutzen, um nahtlose Erlebnisse zu bieten, unabhängig davon, ob Kunden online, über mobile Apps oder im Geschäft interagieren.

Schließlich werden kontinuierliche Innovationen bei Kommunikationskanälen und Social-Media-Plattformen neue Wege für die Einbindung der Verbraucher eröffnen. Es könnten neue Plattformen entstehen, die einzigartige und innovative Möglichkeiten bieten, Marken mit ihrem Publikum zu verbinden. Unternehmen müssen agil und bereit bleiben, diese neuen Kanäle zu erkunden, um für ihre Zielgruppen relevant zu bleiben.

Zusammenfassend lässt sich sagen, dass die Zukunftsvision des digitalen Marketings durch schnelle technologische Innovation, zunehmende Personalisierung, erneute Berücksichtigung von Datenschutz und Ethik, Omnichannel-Integration und die Entstehung neuer Kommunikationskanäle gekennzeichnet ist. Unternehmen, die diese Entwicklungen annehmen und ihre Strategien entsprechend anpassen, werden gut aufgestellt sein, um in dieser dynamischen und sich ständig verändernden Landschaft erfolgreich zu sein.

ANHÄNGE

Glossar technischer Begriffe

Im sich ständig verändernden Bereich des digitalen Marketings ist die Kenntnis der technischen Fachsprache unerlässlich. Hier finden Sie ein Glossar mit Fachbegriffen, die im Jahr 2024 häufig im digitalen Marketing verwendet werden:

1. **Big Data** : Eine Sammlung extrem großer und komplexer Daten, die mit herkömmlichen Datenverarbeitungsmethoden nicht effektiv verarbeitet werden können. Big Data ist entscheidend für die Analyse von Trends und Verhaltensweisen im digitalen Marketing.

2. **Blockchain** : Distributed-Ledger-Technologie, die eine sichere und transparente Speicherung von Daten ermöglicht. Im Marketing wird es zur Rückverfolgbarkeit von Produkten, zur Verwaltung von Treueprogrammen und für digitale Werbung verwendet.

3. **Chatbot** : Ein Computerprogramm, das KI verwendet, um ein Gespräch mit menschlichen Benutzern zu simulieren, das häufig im Kundenservice und bei automatisierten Interaktionen auf Websites und Anwendungen verwendet wird.

4. **Content-Marketing** : Eine Marketingstrategie, die sich auf die Erstellung und Verbreitung relevanter und wertvoller Inhalte konzentriert, um eine Zielgruppe anzulocken und einzubinden.

5. **Conversion-Rate-Optimierung (CRO)** : Der Prozess der Optimierung von Websites und Zielseiten, um den Prozentsatz der Besucher zu erhöhen, die die gewünschte Aktion ausführen.

6. **Customer Relationship Management (CRM)** : System zur Verwaltung von Kundeninteraktionen und -beziehungen sowie zur Zentralisierung von Kunden-, Vertriebs- und Serviceinformationen.

7. **Data Mining** : Der Prozess der Analyse großer Datenmengen, um verborgene Muster und Beziehungen zu entdecken.

8. **Inbound-Marketing** : Marketingansatz, der darauf abzielt, Kunden durch die Erstellung nützlicher Inhalte

und maßgeschneiderter Erlebnisse zu gewinnen.

9. **Maschinelles Lernen** : Ein Zweig der künstlichen Intelligenz, der es Systemen ermöglicht, aus Erfahrungen zu lernen und sich zu verbessern, ohne explizit programmiert zu werden.

10. **Programmatische Werbung** : Einsatz automatisierter Software zum Kauf und zur Optimierung von Werbeplatzierungen in Echtzeit.

11. **Suchmaschinenoptimierung (SEO)** : Der Prozess der Optimierung einer Website, um ihr Ranking in den Suchmaschinenergebnissen zu verbessern.

12. **Social-Media-Marketing** : Nutzung von Social-Media-Plattformen zur Bewerbung eines Produkts oder einer Dienstleistung.

13. **User Experience (UX)** : Alle Interaktionen und Erfahrungen, die ein Benutzer mit einem digitalen Produkt oder einer digitalen Dienstleistung macht.

14. **Virtual Reality (VR)** : Technologie, die eine simulierte Umgebung erstellt und es Benutzern ermöglicht, in eine virtuelle Welt einzutauchen und in diese zu interagieren.

15. **Webanalyse** : Prozess der Erfassung, Analyse und Berichterstattung von Webverkehrsdaten, um die Webnutzung zu verstehen und zu optimieren.

Dieses Glossar bietet eine Grundlage für das Verständnis technischer Begriffe, die häufig im digitalen Marketing verwendet werden, und ermöglicht Fachleuten und Studenten, sich in diesem komplexen und sich ständig verändernden Bereich besser zurechtzufinden.

Ausführliche Fallstudien

1. E-Commerce-Revolution bei Luxomoda: Integration von KI für ein personalisiertes Kundenerlebnis

Kontext: Luxomoda, eine Luxusmarke, sah sich einem zunehmend wettbewerbsintensiven Markt und hohen Kundenerwartungen an die Personalisierung gegenüber. Um wettbewerbsfähig zu bleiben und das Kundenerlebnis zu verbessern, hat Luxomoda beschlossen, künstliche Intelligenz (KI) in seine E-Commerce-Plattform zu integrieren.

Ziel: Das Hauptziel von Luxomoda bestand darin, für jeden Kunden ein hochgradig personalisiertes Online-Einkaufserlebnis zu schaffen, indem

KI eingesetzt wurde, um Kundendaten zu analysieren und maßgeschneiderte Produktempfehlungen, Stilvorschläge und einen verbesserten Kundenservice bereitzustellen.

Umsetzung: Luxomoda arbeitete mit einem führenden Technologieunternehmen zusammen, um fortschrittliche KI-Algorithmen in seine Website und mobile App zu integrieren. Diese Algorithmen wurden entwickelt, um mehr über das Kaufverhalten, die Vorlieben und die Interaktionen der Kunden mit der Website zu erfahren.

1. **Personalisierte Empfehlungen:** KI analysierte Kaufhistorien, Website-Klicks und Stilpräferenzen, um jedem Kunden bestimmte Produkte zu empfehlen. Dazu gehörten Vorschläge zum Abschluss eines Kaufs oder zum Entdecken neuer Artikel, die zum Stil des Kunden passen.

2. **Virtueller Stilassistent:** Luxomoda hat einen KI-gestützten Chatbot eingeführt, der als persönlicher Stilassistent fungiert, Modeberatung bietet und Kundenfragen in Echtzeit beantwortet.

3. **Predictive Analytics:** KI wurde auch verwendet, um Modetrends und Kundenpräferenzen vorherzusagen, sodass Luxomoda Artikel auf Lager haben kann, die wahrscheinlich ein

großer Erfolg werden.

Ergebnisse: Die KI-Integration hat das Einkaufserlebnis bei Luxomoda verändert:

- **Gesteigerter Umsatz:** Personalisierte Empfehlungen führten zu einer deutlichen Steigerung der Konversionsraten und des durchschnittlichen Bestellwerts.

- **Verbesserte Kundenbindung:** Der virtuelle Stilassistent hat die Kundenbindung verbessert und bietet ein interaktives und personalisiertes Einkaufserlebnis.

- **Optimierte Bestandsverwaltung:** Durch vorausschauende Analysen konnte Luxomoda seinen Bestand besser verwalten und so Überschüsse und Fehlbestände reduzieren.

- **Erhöhte Kundenzufriedenheit:** Das Kundenfeedback war äußerst positiv und führte zu einem deutlichen Anstieg der Kundenzufriedenheit und Markentreue.

Fazit: Die Luxomoda-Fallstudie zeigt den starken Einfluss von KI auf die Personalisierung des Online-Einkaufserlebnisses. Durch den Einsatz innovativer Technologien hat Luxomoda nicht nur seine Geschäftsleistung verbessert, sondern auch einen neuen Standard für das Kundenerlebnis im Luxussektor gesetzt.

2. Omnichannel-Strategie von Biotec Pharma: Nutzung von Data Science

zur Transformation der Customer Journey im Pharmasektor

Kontext: Biotec Pharma, ein führendes Unternehmen im Pharmasektor, erkannte die Notwendigkeit, das Kundenerlebnis durch die Integration einer Omnichannel-Strategie zu verbessern. Angesichts eines zunehmend digitalisierten Marktes und der Nachfrage von Kunden nach flüssigen und personalisierten Interaktionen entschied sich Biotec Pharma für die Nutzung von Data Science, um die Customer Journey zu transformieren.

Ziel: Das Ziel von Biotec Pharma bestand darin, ein konsistentes und personalisiertes Kundenerlebnis über alle Kanäle – online, mobil und im Geschäft – zu schaffen und dabei Daten zu nutzen, um Kundenbedürfnisse zu verstehen und zu antizipieren.

Umsetzung: Um dieses Ziel zu erreichen, hat Biotec Pharma mehrere Schlüsselinitiativen umgesetzt:

1. **Datenintegration:** Biotec Pharma hat Kundendaten aus verschiedenen Quellen konsolidiert, darunter Online-Interaktionen, Einkäufe im Geschäft und Reaktionen auf Marketingkampagnen. Ziel war es, eine 360-Grad-Sicht auf jeden Kunden zu schaffen.

2. **Predictive Analytics:** Mithilfe

fortschrittlicher datenwissenschaftlicher Techniken analysierte das Unternehmen diese Daten, um Verhaltensmuster zu identifizieren, Kundenbedürfnisse vorherzusagen und Interaktionen zu personalisieren.

3. **Omnichannel-Personalisierung:** Basierend auf diesen Analysen personalisierte Biotec Pharma das Kundenerlebnis über alle Kanäle hinweg. Dazu gehörten personalisierte Produktempfehlungen auf der Website, relevante mobile Benachrichtigungen und ein personalisierter Kundenservice im Geschäft.

4. **Customer Relationship Management (CRM)-Plattform:** Eine fortschrittliche CRM-Plattform wurde implementiert, um Kundeninteraktionen auf konsistente und integrierte Weise über alle Kanäle hinweg zu verwalten.

Ergebnisse: Die Omnichannel-Strategie von Biotec Pharma hat zu mehreren positiven Ergebnissen geführt:

- **Verbessertes Kundenerlebnis:** Kunden profitierten von einem reibungsloseren und persönlicheren Erlebnis und steigerten so ihre Zufriedenheit und Markentreue.

- **Gesteigerte Umsätze:** Die datengesteuerte Personalisierung hat zu höheren Umsätzen sowohl online als auch im Geschäft geführt.
- **Besseres Kundenverständnis:** Die Datenanalyse hat es Biotec Pharma ermöglicht, die Bedürfnisse und Vorlieben seiner Kunden besser zu verstehen und dadurch die Entscheidungsfindung bei Produktentwicklung und Marketing zu verbessern.
- **Betriebseffizienz:** Die kanalübergreifende Datenintegration hat die Betriebseffizienz verbessert, Doppelarbeit reduziert und Marketingressourcen optimiert.

Fazit: Die Fallstudie von Biotec Pharma verdeutlicht die Bedeutung einer integrierten Omnichannel-Strategie im Pharmasektor. Durch die Nutzung der Möglichkeiten der Datenwissenschaft hat Biotec Pharma nicht nur das Kundenerlebnis verbessert, sondern auch seine Position auf dem Markt gestärkt. Dieser datenzentrierte, kundenorientierte Ansatz ist ein Modell für andere Unternehmen, die ihre Customer Journey in einem zunehmend digitalisierten Geschäftsumfeld transformieren möchten.

3. Augmented-Reality-Innovation bei HomeSpace:

Das Online-Einkaufserlebnis für Möbel neu definieren

Hintergrund: HomeSpace, ein Online-Möbelvertriebsunternehmen, erkannte die Möglichkeit, das Einkaufserlebnis seiner Kunden durch die Integration von Augmented Reality (AR) in seinen Verkaufsprozess zu verbessern. Angesichts der Schwierigkeit für Kunden, Möbel in ihrem eigenen Raum zu visualisieren, versuchte HomeSpace, AR zu nutzen, um eine innovative Lösung anzubieten.

Ziel: Das Hauptziel von HomeSpace bestand darin, ein immersives und interaktives Einkaufserlebnis zu bieten, das es Kunden ermöglicht, Produkte in ihrer eigenen Umgebung zu betrachten, bevor sie einen Kauf tätigen. Ziel war es, die Unsicherheit der Kunden zu verringern, die Zufriedenheit zu erhöhen und Produktretouren zu reduzieren.

Umsetzung: Um dieses Ziel zu erreichen, hat HomeSpace mehrere wichtige AR-Funktionen entwickelt und integriert:

1. **AR-App:** HomeSpace hat eine mobile App auf den Markt gebracht, mit der Kunden die Möbel in ihrem Raum virtuell visualisieren können. Mit der Kamera ihres Smartphones oder Tablets konnten Kunden ein 3D-Möbelstück in ihrem Zimmer platzieren und es aus verschiedenen Blickwinkeln und an

verschiedenen Orten betrachten.

2. **Anpassung in Echtzeit:** Die App ermöglichte es Kunden auch, Produkte in Echtzeit zu personalisieren und Farben, Texturen und Abmessungen zu ändern, um zu sehen, wie verschiedene Optionen in ihren Raum passen würden.

3. **E-Commerce-Integration:** Die Anwendung wurde in die E-Commerce-Website von HomeSpace integriert, sodass Kunden direkt eine Bestellung aufgeben können, nachdem sie ein Produkt in AR angesehen haben.

4. **Anleitungen und Tutorials:** HomeSpace hat Anleitungen und Tutorials bereitgestellt, um Kunden bei der Verwendung der AR-Anwendung zu unterstützen und ein reibungsloses Benutzererlebnis zu gewährleisten.

Ergebnisse: Die Einführung von AR bei HomeSpace führte zu mehreren positiven Ergebnissen:

- **Erhöhte Kundenbindung:** Das immersive Erlebnis steigerte die Kundenbindung und ermutigte sie, mehr Produkte zu erkunden und mehr Zeit mit der App zu verbringen.

- **Reduzierte Retouren:** Die Möglichkeit, Produkte in ihrem eigenen Bereich anzusehen, hat die Unsicherheit der Kunden verringert und zu einem deutlichen Rückgang der Retouren geführt.

- **Gesteigerte Umsätze:** Das verbesserte Einkaufserlebnis führte zu höheren Umsätzen, da sich die Kunden bei ihrer Produktauswahl sicherer fühlten.

- **Verbesserte Kundenzufriedenheit:** Positives Kundenfeedback zeigte eine deutliche Verbesserung der Kundenzufriedenheit und stärkte die Markentreue.

Fazit: Die HomeSpace-Fallstudie zeigt die transformative Wirkung von Augmented Reality in der Möbel-E-Commerce-Branche. Durch die Einführung dieser innovativen Technologie hat HomeSpace nicht nur das Online-Einkaufserlebnis verbessert, sondern auch einen neuen Standard in der Branche gesetzt und gezeigt, wie AR genutzt werden kann, um die Lücke zwischen Online-Einkaufserlebnissen und dem Erlebnis im Geschäft zu schließen.

4. Virale GreenEarth-Kampagne: Nutzung sozialer Medien für wirkungsvolles Umweltbewusstsein

Hintergrund: GreenEarth, eine gemeinnützige Organisation, die sich dem Umweltbewusstsein widmet, erkannte das Potenzial sozialer Medien, ein breites Publikum zu erreichen und die Community in kritische Umweltthemen einzubeziehen. Angesichts des Klimanotstands und der wachsenden Gleichgültigkeit der Öffentlichkeit startete GreenEarth eine virale Social-Media-Kampagne, um das Bewusstsein zu schärfen und zum Handeln anzuregen.

Ziel: Das Ziel von GreenEarth bestand darin, eine virale Social-Media-Kampagne zu erstellen, die das Bewusstsein für den Umweltnotstand schärft, zum Teilen von Inhalten anregt und Einzelpersonen und Gemeinschaften dazu inspiriert, konkrete Maßnahmen zum Schutz der Umwelt zu ergreifen.

Umsetzung: Um dieses Ziel zu erreichen, hat GreenEarth mehrere Schlüsselinitiativen umgesetzt:

1. **Ansprechende und lehrreiche Inhalte:** GreenEarth hat eine Reihe informativer und optisch ansprechender Videos, Infografiken und Blogbeiträge erstellt, die verschiedene Umweltprobleme hervorheben und praktische Lösungen anbieten.

2. **Hashtags und Challenges:** Die Organisation startete kampagnenspezifische Hashtags und Challenges in den sozialen Medien und ermutigte Benutzer, ihre eigenen Aktionen für die Umwelt zu teilen, wodurch eine Community-Bewegung

entstand.

3. **Zusammenarbeit mit Influencern:** GreenEarth arbeitete mit Influencern und Prominenten zusammen, die sich für Umweltbelange engagieren, um die Reichweite der Kampagne zu vergrößern und ein breiteres Publikum zu erreichen.

4. **Interaktivität und Engagement:** Die Kampagne war äußerst interaktiv konzipiert und umfasste Umfragen, Live-Fragen und -Antworten sowie Diskussionsforen, um das Publikum einzubeziehen und zur aktiven Teilnahme zu ermutigen.

Ergebnisse: Die virale Kampagne von GreenEarth hatte erhebliche Auswirkungen:

- **Große Reichweite:** Die Kampagne erreichte Millionen von Menschen auf der ganzen Welt und übertraf die ursprünglichen Erwartungen in Bezug auf Reichweite und Engagement bei weitem.

- **Community-Engagement:** Herausforderungen und Hashtags förderten die aktive Teilnahme. Tausende von Menschen teilten ihre Umweltaktionen und schufen so eine engagierte Online-Community.

- **Gesteigertes Bewusstsein:** Die Kampagne konnte das Bewusstsein für wichtige Umweltthemen erfolgreich schärfen, da immer mehr Menschen über diese Themen diskutieren und Informationen darüber austauschen.

- **Echte Wirkung:** Über die Online-Sensibilisierung hinaus führte die Kampagne zu konkreten Aktionen, wie z. B. Aufräuminitiativen in der Gemeinde, Verpflichtungen zur Abfallreduzierung und Spenden für Umweltzwecke.

Fazit: Die GreenEarth-Fallstudie verdeutlicht die Macht sozialer Medien zur Durchführung wirkungsvoller Umweltbewusstseinskampagnen. Durch die Kombination ansprechender Inhalte, die strategische Nutzung sozialer Medien und die Zusammenarbeit mit Influencern hat GreenEarth nicht nur das Bewusstsein für wichtige Umweltthemen geschärft, sondern auch eine globale Gemeinschaft zum Handeln mobilisiert. Diese Kampagne dient als Modell für andere Organisationen, die soziale Medien für positive soziale und ökologische Auswirkungen nutzen möchten.

5. BankSecure Digital Transformation: Sicherung von Finanztransaktionen mit Blockchain

Hintergrund: BankSecure, eine führende Bank im Finanzsektor, hat angesichts der Zunahme von Cyberangriffen und Betrug einen wachsenden

Bedarf an einer Stärkung der Sicherheit und Transparenz ihrer Finanztransaktionen festgestellt. Um dieser Herausforderung zu begegnen, hat sich BankSecure für die Einführung der Blockchain-Technologie entschieden, die für ihre Robustheit in Bezug auf Sicherheit und Rückverfolgbarkeit von Transaktionen bekannt ist.

Ziel: Das Hauptziel von BankSecure bestand darin, Blockchain in die bestehende Infrastruktur zu integrieren, um Finanztransaktionen zu sichern, Betrugsrisiken zu reduzieren und das Vertrauen der Kunden in digitale Bankdienstleistungen zu stärken.

Umsetzung: Um dieses Ziel zu erreichen, hat BankSecure mehrere Schlüsselinitiativen umgesetzt:

1. **Blockchain-Infrastruktur:** BankSecure hat eine maßgeschneiderte Blockchain-Infrastruktur entwickelt, die an die spezifischen Bedürfnisse des Bankensektors angepasst ist. Diese Infrastruktur ermöglichte es, alle Transaktionen in einem verteilten, sicheren und unveränderlichen Hauptbuch aufzuzeichnen.

2. **Systemintegration:** Blockchain wurde in die bestehenden Systeme der Bank integriert, einschließlich Online-Zahlungsplattformen und mobiler

Anwendungen, um einen reibungslosen Übergang zu gewährleisten und die Kontinuität der Dienste aufrechtzuerhalten.

3. **Schulung und Sensibilisierung:** BankSecure hat in Blockchain-Schulungen für seine Mitarbeiter investiert und Sensibilisierungskampagnen für seine Kunden durchgeführt, in denen die Vorteile der neuen Technologie in Bezug auf Sicherheit und Zuverlässigkeit erläutert werden.

4. **Tests und Compliance:** Vor der vollständigen Bereitstellung wurde die Blockchain-Lösung strengen Tests unterzogen, um die Einhaltung von Finanzvorschriften und die Kompatibilität mit den Sicherheitsstandards von Banken sicherzustellen.

Ergebnisse: Die Blockchain-Integration von BankSecure führte zu mehreren positiven Ergebnissen:

- **Stärkung der Sicherheit:** Blockchain hat die Sicherheit von Transaktionen erheblich erhöht und Betrugsfälle und Verarbeitungsfehler reduziert.

- **Erhöhte Transparenz:** Die

Rückverfolgbarkeit und Unveränderlichkeit von Transaktionen auf der Blockchain haben die Transparenz verbessert und das Vertrauen der Kunden in die Dienstleistungen der Bank gestärkt.

- **Betriebseffizienz:** Blockchain hat den Transaktionsüberprüfungsprozess vereinfacht und beschleunigt und so die Betriebseffizienz der Bank verbessert.

- **Einhaltung gesetzlicher Vorschriften:** Die Blockchain-Lösung hat BankSecure dabei geholfen, die Finanzvorschriften in Bezug auf Berichterstattung und Prüfung einfacher einzuhalten.

Fazit: Die BankSecure-Fallstudie zeigt die Wirksamkeit von Blockchain bei der digitalen Transformation des Bankensektors. Durch die Einführung dieser Technologie hat BankSecure nicht nur die Sicherheit und Transparenz seiner Transaktionen verbessert, sondern die Bank auch als Innovationsführer bei der Einführung fortschrittlicher technologischer Lösungen positioniert. Diese Initiative dient als Vorbild für andere Finanzinstitute, die Sicherheit und Vertrauen im digitalen Zeitalter erhöhen möchten.

6. Die Erfolgswette von SportsVirtu: Fan-Engagement mit immersiven

Virtual-Reality-Erlebnissen

Kontext: SportsVirtu, ein auf virtuelle Sporterlebnisse spezialisiertes Unternehmen, hat eine einzigartige Gelegenheit erkannt, das Fan-Engagement in der Welt des Sports zu verändern. Angesichts der wachsenden Beliebtheit von Virtual Reality (VR) hatte SportsVirtu die Idee, immersive Erlebnisse zu schaffen, um den Fans ihre Lieblingsmannschaften und -sportler auf eine noch nie dagewesene Weise näher zu bringen.

Ziel: Das Ziel von SportsVirtu bestand darin, eine VR-Plattform zu entwickeln, die immersive und interaktive Sporterlebnisse bietet und es den Fans ermöglicht, Spiele und Sportereignisse so zu erleben, als ob sie dort wären, und gleichzeitig einzigartige interaktive und soziale Funktionen anzubieten.

Umsetzung: Um dieses ehrgeizige Ziel zu erreichen, hat SportsVirtu mehrere Schlüsselinitiativen gestartet:

1. **Entwicklung einer VR-Plattform:** SportsVirtu hat eine fortschrittliche VR-Plattform entwickelt, die es Benutzern ermöglicht, Spiele in Echtzeit mit einer 360-Grad-Ansicht von verschiedenen Standorten im Stadion aus zu erleben.

2. **Partnerschaften mit Sportmannschaften und -ligen:** Um authentische und ansprechende Inhalte bereitzustellen, hat SportsVirtu mit

mehreren Sportmannschaften und -ligen Partnerschaften geschlossen, die es ihnen ermöglichen, Live-Spiele auf der Plattform zu streamen.

3. **Interaktive Funktionen:** Die Plattform bot interaktive Funktionen wie die Auswahl verschiedener Betrachtungswinkel, Zugriff auf Echtzeitstatistiken und Kommunikationsmöglichkeiten mit anderen Fans.

4. **Immersive Erlebnisse außerhalb des Spiels:** Zusätzlich zu Live-Spielen hat SportsVirtu immersive Erlebnisse außerhalb des Spiels geschaffen, wie etwa virtuelle Stadionführungen, Treffen mit Sportlern in VR und interaktive Spiele.

Ergebnisse: Die SportsVirtu-Initiative hatte einen erheblichen Einfluss auf das Fan-Engagement:

- **Gesteigertes Fan-Engagement:** Die Plattform zog eine wachsende Zahl von Fans an und bot ein umfassendes und interaktives Erlebnis, das ihre Verbindung zu ihren Lieblingsteams und -sportlern stärkte.

- **Neue Einnahmen:** Die Plattform hat neue Einnahmequellen erschlossen, darunter Abonnements, In-App-Werbung und exklusive Partnerschaften mit Teams und Ligen.

- **Verbessertes Fan-Erlebnis:** Fans profitierten von einem bereicherten Sporterlebnis mit Anpassungs- und Interaktionsoptionen, die mit herkömmlichen Anzeigemethoden nicht möglich waren.
- **Branchenanerkennung:** SportsVirtu gilt als Innovator im Sport und setzt neue Maßstäbe für das Fan-Engagement im digitalen Zeitalter.

Fazit: Die SportsVirtu-Fallstudie veranschaulicht das revolutionäre Potenzial von VR für die Einbindung von Sportfans. Durch den Einsatz dieser Technologie hat SportsVirtu nicht nur das Fanerlebnis verbessert, sondern auch den Weg für neue Geschäftsmöglichkeiten und eine neue Ära der Interaktion zwischen Fans und der Sportwelt geebnet.

7. HealthFirst-Content-Strategie: Bildung und Kundenbindung im Gesundheitswesen

Kontext: HealthFirst, ein führendes Gesundheitsunternehmen, erkannte die Notwendigkeit, die Aufklärung und Einbindung der Kunden angesichts einer zunehmend gesundheitsbewussten Öffentlichkeit, die nach vertrauenswürdigen Informationen verlangt, zu verbessern. Um dieser wachsenden Nachfrage gerecht zu werden, entschied sich HealthFirst für die Implementierung einer robusten und informativen Content-Strategie.

Ziel: Das Ziel von HealthFirst bestand darin, eine Content-Strategie zu entwickeln und umzusetzen, die Kunden über verschiedene Gesundheitsthemen aufklärt, gesundes Verhalten fördert und Engagement und Markentreue aufbaut.

Umsetzung: Um dieses Ziel zu erreichen, hat HealthFirst mehrere Schlüsselinitiativen gestartet:

1. **Erstellung von Bildungsinhalten:** HealthFirst hat eine Reihe von Bildungsinhalten entwickelt, darunter Blogbeiträge, Videos, Infografiken und Podcasts, die ein breites Spektrum an Gesundheitsthemen abdecken, von Krankheitsprävention bis hin zu Ernährung und Wohlbefinden. -be mental.

2. **Online-Plattform und mobile Anwendung:** Diese Inhalte wurden über eine spezielle Online-Plattform und mobile Anwendung leicht zugänglich gemacht, sodass Kunden jederzeit zuverlässige und praktische Informationen finden können.

3. **Interaktive Programme:** HealthFirst hat interaktive Programme wie Wellness-Challenges und Live-Webinare mit

Gesundheitsexperten eingeführt, um eine aktive Kundenbindung zu fördern.

4. **Personalisierung von Inhalten:** Mithilfe von Kundendaten personalisierte Inhaltsempfehlungen von HealthFirst, um den spezifischen Bedürfnissen und Interessen jedes Benutzers gerecht zu werden.

5. **Zusammenarbeit mit Experten:** Um die Genauigkeit und Zuverlässigkeit der Inhalte sicherzustellen, arbeitete HealthFirst mit Fachleuten aus dem Gesundheitswesen und Branchenexperten zusammen, um alle Schulungsmaterialien zu erstellen und zu überprüfen.

Ergebnisse: Die Content-Strategie von HealthFirst führte zu mehreren positiven Ergebnissen:

- **Verbesserte Kundenbindung:** Bildungs- und interaktive Inhalte steigerten die Kundenbindung deutlich, was zu einem deutlichen Anstieg der auf der Plattform verbrachten Zeit und der Interaktion mit Inhalten führte.

- **Stärkung der Markentreue:** Durch die Bereitstellung zuverlässiger und nützlicher Informationen hat HealthFirst das Vertrauen und die Loyalität der Kunden gegenüber der Marke gestärkt.

- **Erhöhtes Gesundheitsbewusstsein:** Die Strategie hat dazu beigetragen, das Bewusstsein und die Aufklärung der Kunden über wichtige Gesundheitsthemen zu stärken und eine gesündere Lebensweise zu fördern.

- **Positiver ROI:** Die Content-Strategie führte auch zu einem positiven ROI, mit mehr Anmeldungen für Gesundheitsprogramme und einer verstärkten Nutzung der HealthFirst-Dienste.

Fazit: Die HealthFirst-Fallstudie zeigt, wie wichtig eine lehrreiche und ansprechende Content-Strategie in der Gesundheitsbranche ist. Durch die Bereitstellung vertrauenswürdiger Informationen und die Förderung eines aktiven Engagements hat HealthFirst nicht nur die Gesundheit und das Wohlbefinden seiner Kunden verbessert, sondern auch seine Position als vertrauenswürdige Marke und Marktführer im Gesundheitswesen gestärkt.

8. FashionFlare Influencer-Marketingkampagne: Messung von Wirkung und ROI im Luxusbereich

Kontext: FashionFlare, eine anerkannte Luxusmarke, wollte ihre Präsenz und ihr Markenimage in einem hart umkämpften Markt stärken. Um dieses Ziel zu erreichen, startete FashionFlare eine Influencer-Marketingkampagne und arbeitete mit führenden Mode-Influencern zusammen, um ein breiteres, engagierteres Publikum zu erreichen.

Ziel: Das Hauptziel von FashionFlare bestand darin, die Wirkung und den Return on Investment (ROI) seiner Influencer-Marketingkampagne zu messen und dabei nicht nur die Steigerung der Markenbekanntheit, sondern auch den Einfluss auf Umsatz und Kundenbindung zu bewerten.

Umsetzung: Um diese Kampagne durchzuführen, verfolgte FashionFlare einen strategischen und messbaren Ansatz:

1. **Auswahl der Influencer:** FashionFlare wählte sorgfältig Influencer aus, deren Stil und Publikum zum Markenimage und den Werten von FashionFlare passten. Diese Auswahl umfasste Influencer mit großer Fangemeinde und hohen Engagement-Raten.

2. **Konsistenter Markeninhalt:** Influencer erstellten personalisierte Inhalte, die die Produkte von FashionFlare hervorheben und gleichzeitig ihrem eigenen einzigartigen Stil treu bleiben. Dazu gehörten Social-Media-Beiträge, Blogs und Videos.

3. **Tracking und Analysen:** FashionFlare nutzte fortschrittliche Analysetools, um die Leistung jedes Influencers zu verfolgen, einschließlich Engagement,

Reichweite und Traffic, der auf die Website von FashionFlare geleitet wurde.

4. **Promo-Codes und Tracking-Links:** Den Influencern wurden einzigartige Promo-Codes und Tracking-Links zur Verfügung gestellt, um die aus der Kampagne resultierenden Verkäufe und Conversions direkt zu messen.

5. **Feedback und Interaktion:** FashionFlare ermutigte Influencer, mit ihrem Publikum zu interagieren, wertvolles Feedback zu sammeln und die Bindung zur Marke aufzubauen.

Ergebnisse: Die Influencer-Marketingkampagne von FashionFlare brachte bedeutende Ergebnisse:

- **Erhöhte Markenbekanntheit:** Die Kampagne steigerte die Bekanntheit von FashionFlare deutlich, zog ein neues Publikum an und stärkte seine Social-Media-Präsenz.

- **Umsatzwachstum:** Promo-Codes und Tracking-Links zeigten einen spürbaren Umsatzanstieg, der direkt auf die Kampagne zurückzuführen ist.

- **Erhöhtes Engagement:** Von Influencern erstellte Inhalte erzeugten ein hohes Engagement mit sinnvollen Interaktionen zwischen Verbrauchern und der Marke.

- **Positiver ROI:** Die Datenanalyse ergab einen positiven Return on Investment, wobei die durch die Kampagne erzielten Gewinne die anfänglichen Kosten bei weitem überstiegen.

Fazit: Die FashionFlare-Fallstudie verdeutlicht die Wirksamkeit von Influencer-Marketing im Luxussektor. Durch einen strategischen Ansatz und eine sorgfältige Messung der Wirkung der Kampagne konnte FashionFlare nicht nur seine Markenbekanntheit steigern, sondern auch ein deutliches Kundenengagement und Umsatzwachstum generieren. Diese Kampagne dient als Modell für andere Luxusmarken, die die Kraft des Influencer-Marketings nutzen möchten, um neue Höhen zu erreichen.

9. QuickServe Mobile Marketing Initiative: Fast Food mit innovativen Anwendungen neu erfinden

Hintergrund: QuickServe, eine beliebte Fast-Food-Kette, hat einen stetigen Wandel in den Verbrauchergewohnheiten erlebt, mit einer steigenden Nachfrage nach schnelleren, bequemeren Bestell- und Lieferoptionen. Um diesen Erwartungen gerecht zu werden, beschloss QuickServe, eine Mobile-Marketing-Initiative zu starten, die sich auf die Entwicklung innovativer mobiler Anwendungen konzentriert.

Ziel: Das Ziel von QuickServe bestand darin, ein verbessertes mobiles Benutzererlebnis zu schaffen, das die Bestellung, die individuelle

Anpassung von Mahlzeiten und die Lieferung erleichtert und gleichzeitig die App als Marketinginstrument zur Kundenbindung und Umsatzsteigerung nutzt.

Umsetzung: Um dieses Ziel zu erreichen, hat QuickServe mehrere Schlüsselstrategien implementiert:

1. **Entwicklung einer intuitiven mobilen Anwendung:** QuickServe hat eine benutzerfreundliche mobile Anwendung entwickelt, die einfache Navigation, schnelle Bestellung und Optionen zur individuellen Anpassung von Mahlzeiten bietet. Die App integriert außerdem ein sicheres Zahlungssystem für ein problemloses Bestellerlebnis.

2. **Integriertes Treueprogramm:** Die App beinhaltete ein Treueprogramm, das personalisierte Prämien und Werbeaktionen basierend auf den Vorlieben und Bestellgewohnheiten der Benutzer bot.

3. **Augmented-Reality-Funktionen:** QuickServe hat durch die Integration von Augmented-Reality-Funktionen (AR) in seine App Innovationen hervorgebracht, die es Kunden ermöglichen, Mahlzeiten vor der Bestellung anzusehen und an interaktiven Spielen teilzunehmen, um

Belohnungen zu verdienen.

4. **Push-Benachrichtigungen und gezieltes Marketing:** Die App nutzte Push-Benachrichtigungen, um Kunden über Sonderangebote, neue Produkte und lokale Veranstaltungen zu informieren und so das Engagement und die Wiederholungsbesuche zu steigern.

5. **Benutzerdatenanalyse:** QuickServe sammelte und analysierte Benutzerdaten, um Kundenpräferenzen zu verstehen und seine Angebote und sein Marketing entsprechend anzupassen.

Ergebnisse: Die Mobile-Marketing-Initiative von QuickServe führte zu mehreren positiven Ergebnissen:

- **Gesteigerter Umsatz:** Die App hat zu einem deutlichen Anstieg der Online-Bestellungen und des Gesamtumsatzes geführt und bietet ein bequemes und schnelles Bestellerlebnis.

- **Erhöhte Kundenbindung:** Das Treueprogramm und die Push-Benachrichtigungen steigerten die Kundenbindung, was zu einer höheren Bestellhäufigkeit und Markentreue führte.

- **Verbessertes Kundenerlebnis:** AR-Funktionen und Personalisierungsoptionen haben das Kundenerlebnis verbessert und das Bestellen interaktiver und angenehmer gemacht.

- **Wertvolle Kundeneinblicke:** Die Analyse von Benutzerdaten lieferte QuickServe wertvolle Erkenntnisse zur Optimierung seiner Menüs, Werbeangebote und Marketingstrategien.

Fazit: Die QuickServe-Fallstudie zeigt die erhebliche Wirkung einer gut gestalteten mobilen Anwendung in der Fast-Food-Branche. Durch die Kombination einer intuitiven Benutzererfahrung mit innovativen mobilen Marketingstrategien hat QuickServe nicht nur das Bestellerlebnis für seine Kunden verbessert, sondern auch eine deutliche Steigerung der Kundenbindung und des Umsatzes verzeichnet. Diese Initiative dient als Modell für andere Unternehmen der Branche, die mobile Technologien nutzen möchten, um das Kundenerlebnis neu zu erfinden.

10. Kundenbindungsprojekt bei AutoElite: Nutzung Blockchain-basierter Treueprogramme zur Verbesserung der Kundenbindung

Kontext: AutoElite, ein führender Automobilhersteller, verzeichnet in einem zunehmend wettbewerbsintensiven Markt einen Rückgang der Kundentreue. Um diesen Trend umzukehren, beschloss AutoElite, Innovationen einzuführen und ein Treueprogramm auf Basis der Blockchain-Technologie einzuführen, mit dem Ziel, ein transparenteres, sichereres und lohnenderes Kundenerlebnis zu bieten.

Ziel: Ziel von AutoElite war es, ein Treueprogramm zu entwickeln, das Kunden nicht nur für ihre Treue belohnt, sondern auch die Vorteile der Blockchain nutzt, um die Sicherheit, Transparenz und Personalisierung der Prämien zu verbessern.

Umsetzung: Um dieses Ziel zu erreichen, hat AutoElite mehrere Schlüsselinitiativen umgesetzt:

1. **Entwicklung einer Blockchain-Plattform:** AutoElite hat eine Blockchain-basierte Treueplattform entwickelt, die eine sichere und transparente Aufzeichnung von Kundentransaktionen und -interaktionen ermöglicht.

2. **Innovatives Belohnungssystem:** Das Programm bot Belohnungen in Form von Blockchain-Tokens, die gegen Dienstleistungen, Zubehör oder sogar Rabatte auf Fahrzeuge eingetauscht werden konnten. Diese Token könnten auch gesammelt oder mit anderen Mitgliedern des Programms ausgetauscht werden.

3. **Personalisierung von Angeboten:** Anhand der über die Plattform gesammelten Kundendaten personalisiert AutoElite Angebote und

Prämien basierend auf den Vorlieben und dem Kaufverhalten jedes Kunden.

4. **Integrierte mobile Anwendung:** Es wurde eine mobile Anwendung entwickelt, mit der Kunden ihre Token einfach verfolgen, neue Angebote entdecken und ihr Treuekonto verwalten können.

5. **Sensibilisierungs- und Schulungskampagnen:** AutoElite hat Kampagnen durchgeführt, um Kunden über die Vorteile der Blockchain und die Nutzung des neuen Treueprogramms aufzuklären.

Ergebnisse: Die Kundenbindungsinitiative von AutoElite brachte bedeutende Ergebnisse:

- **Verbesserte Kundenbindung:** Das Programm stärkte die Kundenbindung und führte zu einer deutlichen Steigerung der Kundenbindung und der Kaufhäufigkeit.

- **Erhöhte Transparenz und Sicherheit:** Blockchain hat die Transparenz und Sicherheit von Treuetransaktionen verbessert und das Vertrauen der Kunden in das Programm erhöht.

- **Erhöhte Kundenbindung:** Die mobile App und personalisierte Belohnungen steigerten die Kundenbindung mit der Marke.

- **Positiver Return on Investment:** Das Programm generierte einen positiven

Return on Investment, mit einem Anstieg der Fahrzeugverkäufe und der damit verbundenen Dienstleistungen.

Fazit: Die AutoElite-Fallstudie zeigt, wie der innovative Einsatz der Blockchain-Technologie in Treueprogrammen die Kundenbindung und -bindung in der Automobilindustrie verändern kann. Durch die Bereitstellung eines sichereren, transparenteren und personalisierteren Treueerlebnisses hat AutoElite nicht nur die Kundenzufriedenheit verbessert, sondern auch seine Position auf dem Markt als zukunftsorientierte und kundenorientierte Marke gestärkt.

11. TravelWorld SEO-Optimierung: Fortgeschrittene Strategien zur Beherrschung des Online-Reisemarktes

Hintergrund: TravelWorld, ein Online-Reisebüro, war in einem gesättigten Markt einem harten Wettbewerb ausgesetzt. Um seine Online-Sichtbarkeit zu verbessern und mehr Kunden anzulocken, entschied sich TravelWorld für die Implementierung fortschrittlicher Strategien zur Suchmaschinenoptimierung (SEO).

Ziel: Das Ziel von TravelWorld bestand darin, seine Online-Präsenz zu stärken, seine Suchrankings zu verbessern und hochwertigen Traffic auf seine

Website zu locken, indem es sich auf innovative und effektive SEO-Strategien konzentrierte.

Umsetzung: Um dieses Ziel zu erreichen, hat TravelWorld mehrere Schlüsselansätze verfolgt:

1. **Eingehende Keyword-Recherche:** TravelWorld führte eine umfangreiche Keyword-Recherche durch, um die relevantesten und gesuchtesten Begriffe und Phrasen in der Reisebranche zu identifizieren. Dazu gehörten Long-Tail-Keywords, die sich speziell auf bestimmte Reiseziele und Reisearten beziehen.

2. **Inhaltsoptimierung:** Der Inhalt der TravelWorld-Website wurde optimiert, um die identifizierten Schlüsselwörter einzubeziehen, um sicherzustellen, dass der Inhalt für Benutzer informativ, ansprechend und nützlich bleibt. Reiseführer, Blogartikel und Reisezielbeschreibungen werden regelmäßig aktualisiert und erweitert.

3. **Verbesserte Benutzererfahrung:** TravelWorld hat seine Website-Navigation, Ladegeschwindigkeit und Mobilfreundlichkeit verbessert, um eine bessere Benutzererfahrung zu bieten, ein Schlüsselfaktor für das SEO-Ranking.

4. **Backlinking-Strategie:** Es wurde eine Backlinking-Strategie implementiert, um

qualitativ hochwertige Links von anerkannten Websites der Reisebranche und verwandten Medien zu erhalten.

5. **Lokales und internationales SEO:** TravelWorld hat seine Website für lokales und internationales SEO optimiert und zielt mit auf die jeweilige Region zugeschnittenen Inhalten und Schlüsselwörtern auf bestimmte Märkte ab.

6. **Analyse und Überwachung:** SEO-Analysetools wurden verwendet, um die Leistung der Website zu verfolgen, sodass TravelWorld seine Strategie basierend auf Markttrends und Benutzerverhalten anpassen konnte.

Ergebnisse: Die SEO-Optimierung von TravelWorld führte zu mehreren positiven Ergebnissen:

- **Anstieg des organischen Traffics:** Die Website verzeichnete einen deutlichen Anstieg des organischen Traffics und zog mehr reiseinteressierte Besucher an.

- **Verbesserte Suchmaschinen-Rankings:** TravelWorld konnte seine Rankings für viele strategische Schlüsselwörter verbessern und landete bei mehreren Schlüsselbegriffen ganz oben in den Suchergebnissen.

- **Erhöhtes Engagement:** Eine

verbesserte Benutzererfahrung und Qualität der Inhalte haben zu einem erhöhten Besucherengagement auf der Website geführt.

- **Erhöhte Konvertierung und Verkäufe:** Erhöhter qualifizierter Verkehr hat zu höheren Reisebuchungen und Verkäufen geführt.

Fazit: Die TravelWorld-Fallstudie zeigt die Bedeutung einer robusten und gut geplanten SEO-Strategie in der Online-Reisebranche. Durch innovative Ansätze und die Konzentration auf kontinuierliche Verbesserung hat TravelWorld nicht nur seine Online-Sichtbarkeit verbessert, sondern auch seine Position im wettbewerbsintensiven Reisemarkt gestärkt, indem es mehr Kunden anzieht und höhere Umsätze generiert.

12. Programmatische Werbekampagne von Techtronics: Automatisierung und präzises Targeting für maximale Wirkung

Kontext: Techtronics, ein führendes Unternehmen für Unterhaltungselektronik, wollte die Wirkung seiner Werbekampagnen auf einem überfüllten digitalen Markt maximieren. Um dieses Ziel zu erreichen, entschied sich Techtronics für die Einführung programmatischer Werbung, einer Methode zur Automatisierung des Kaufs und der Platzierung von Werbung, um bestimmte Zielgruppen effektiver anzusprechen.

Ziel: **Das** Ziel von Techtronics war es, eine programmatische Werbekampagne zu starten, die nicht nur ihre Zielgruppe genau erreicht, sondern auch den Return on Investment (ROI) optimiert, indem sie Daten und Algorithmen nutzt, um Kaufentscheidungen für Werbeflächen in Echtzeit zu treffen.

Umsetzung: Um diese Kampagne durchzuführen, implementierte Techtronics mehrere Schlüsselstrategien:

1. **Auswahl programmatischer Plattformen:** Techtronics hat programmatische Werbeplattformen ausgewählt, die für ihre Fähigkeit bekannt sind, Zielgruppen effektiv anzusprechen und detaillierte Analysen bereitzustellen.

2. **Definition der Zielgruppe:** Das Unternehmen definierte seine Zielgruppe anhand von Demografie, Interessen, Kaufverhalten und Online-Surfgewohnheiten.

3. **Erstellung personalisierter Werbeinhalte:** Es wurden personalisierte Anzeigen erstellt, um bei der Zielgruppe Anklang zu finden. Dabei wurden Botschaften und visuelle Elemente verwendet, die auf verschiedene

Benutzersegmente zugeschnitten waren.

4. **Echtzeitoptimierung:** Die Kampagne wurde ständig überwacht und in Echtzeit angepasst, um die Leistung auf der Grundlage von Daten wie Klickraten, Conversions und Engagement zu optimieren.

5. **Multi-Channel-Datenintegration:** Techtronics integrierte Daten aus verschiedenen Kanälen, darunter soziale Medien, Websites und mobile Apps, um eine ganzheitliche Sicht auf die Kampagneneffektivität zu erhalten.

6. **Analyse und Berichterstattung:** Es wurden detaillierte Berichte erstellt, um die Kampagnenleistung zu bewerten, einschließlich ROI, Reichweite, Engagement und Conversions.

Ergebnisse: Die programmatische Werbekampagne von Techtronics führte zu mehreren positiven Ergebnissen:

- **Präzises Targeting:** Die Kampagne erreichte die Zielgruppe mit hoher Präzision, wodurch die Wirksamkeit der Werbung erhöht und die Verschwendung von Werbebudgets reduziert wurde.

- **Erhöhtes Engagement:** Personalisierte Anzeigen erzeugten ein erhebliches Engagement mit überdurchschnittlichen

Klick- und Konversionsraten.

- **ROI-Optimierung: Durch die** Echtzeitoptimierung konnte die Kampagne angepasst werden, um den ROI zu maximieren und das Budget den Kanälen und Anzeigen mit der besten Leistung zuzuweisen.
- **Tiefe Einblicke:** Analysen lieferten wertvolle Einblicke in das Verhalten und die Vorlieben des Publikums und halfen Techtronics dabei, zukünftige Marketingstrategien zu verfeinern.

Fazit: Die Techtronics-Fallstudie veranschaulicht die Wirksamkeit programmatischer Werbung bei der präzisen Zielgruppenansprache und der Maximierung des ROI. Durch die Einführung eines datengesteuerten Ansatzes und den Einsatz von Automatisierung zur Anpassung der Kampagne in Echtzeit verbesserte Techtronics nicht nur die Leistung seiner Anzeigen, sondern gewann auch wertvolle Erkenntnisse für die Ausrichtung seiner zukünftigen Marketinginitiativen.

13. Corporate Social Responsibility Initiative bei EcoPure: Ethisches Marketing und Engagement in der Gemeinschaft

Hintergrund: EcoPure, ein auf umweltfreundliche Reinigungsprodukte spezialisiertes Unternehmen, hat die wachsende Bedeutung der sozialen Verantwortung von Unternehmen (CSR) im modernen Geschäftsumfeld erkannt. Um sein Engagement für Nachhaltigkeit und Ethik zu stärken, hat EcoPure eine CSR-Initiative gestartet, die sich auf ethisches Marketing und gesellschaftliches Engagement konzentriert.

Ziel: Das Ziel von EcoPure bestand darin, ethische Marketingstrategien zu entwickeln und umzusetzen, die seine Werte der Nachhaltigkeit und sozialen Verantwortung widerspiegeln, und gleichzeitig aktiv mit den lokalen Gemeinschaften zusammenzuarbeiten, um solide Umweltpraktiken zu fördern.

Umsetzung: Um dieses Ziel zu erreichen, hat EcoPure mehrere Schlüsselansätze verfolgt:

1. **Ethisches Marketing:** EcoPure überprüfte seine Marketingstrategien, um sicherzustellen, dass sie mit seinen Nachhaltigkeitsprinzipien im Einklang stehen. Dazu gehörte die Förderung der Verwendung von wiederverwertbaren Materialien in der Verpackung und die Hervorhebung seiner Bemühungen zur Reduzierung des CO_2-Fußabdrucks.

2. **Umweltbewusstseinsprogramme:** EcoPure hat Sensibilisierungsprogramme gestartet, um Verbraucher über die Bedeutung von Nachhaltigkeit und umweltfreundlichen Praktiken im täglichen Leben

aufzuklären.

3. **Partnerschaften mit Umweltorganisationen:** EcoPure hat mit lokalen und globalen Umweltorganisationen Partnerschaften geschlossen, um verschiedene Naturschutz- und Nachhaltigkeitsprojekte zu unterstützen.

4. **Gemeinschaftsinitiativen:** EcoPure hat Gemeinschaftsveranstaltungen wie Aufräumarbeiten in der Nachbarschaft und Bildungsworkshops organisiert, um die aktive Teilnahme am Umweltschutz zu fördern.

5. **Transparenz und Berichterstattung:** EcoPure hat Berichtsmechanismen implementiert, um seine CSR-Fortschritte mit seinen Stakeholdern zu teilen und so Transparenz und Vertrauen zu stärken.

Ergebnisse: Die CSR-Initiative von EcoPure führte zu mehreren positiven Ergebnissen:

- **Markenstärkung:** Das Engagement von EcoPure für Nachhaltigkeit und soziale Verantwortung hat das Markenimage und den Ruf des Unternehmens bei den Verbrauchern gestärkt.

- **Verstärktes Community-Engagement:** Community-Initiativen haben die Verbindungen von EcoPure zu den lokalen Communities gestärkt, was zu Wohlwollen und erhöhter Unterstützung für die Marke geführt hat.

- **Positive Auswirkungen auf die Umwelt:** Outreach-Programme und Partnerschaften haben sich positiv auf die Umwelt ausgewirkt und zu nachhaltigeren Praktiken innerhalb der Gemeinschaft beigetragen.

- **Kundenbindung:** Die Transparenz und das Engagement von EcoPure für CSR haben die Kundenbindung gestärkt und Verbraucher angezogen, die Wert auf Ethik und Nachhaltigkeit legen.

Fazit: Die EcoPure-Fallstudie zeigt die Bedeutung und Wirksamkeit eines ethischen Marketingansatzes und eines starken Engagements der Gemeinschaft als Teil einer CSR-Initiative. Durch die Ausrichtung seiner Geschäftspraktiken auf seine Nachhaltigkeitswerte hat EcoPure nicht nur sein Markenimage verbessert und seine Beziehungen zu Gemeinden gestärkt, sondern auch erheblich zu wichtigen Umweltbelangen beigetragen und damit gezeigt, dass Unternehmen eine wichtige Rolle bei der Förderung einer nachhaltigeren Entwicklung spielen können Zukunft.

14. Content-Marketing-Strategie

von GourmetDelight: Schaffung einer leidenschaftlichen Community rund ums Essen

Kontext: GourmetDelight, ein auf Premium-Lebensmittelprodukte spezialisiertes Unternehmen, wollte eine starke und ansprechende Online-Präsenz aufbauen, um mit Feinschmeckern in Kontakt zu treten. Um dieses Ziel zu erreichen, beschloss GourmetDelight, eine Content-Marketing-Strategie zu starten, die darauf abzielt, eine Online-Community von Essens- und Kochbegeisterten zu schaffen.

Ziel: Das Ziel von GourmetDelight bestand darin, reichhaltige und ansprechende Inhalte zu entwickeln, die nicht nur informieren und aufklären, sondern auch ein Gefühl der Zugehörigkeit und des Engagements unter Essens- und Kochbegeisterten schaffen.

Umsetzung: Um dieses Ziel zu erreichen, verfolgte GourmetDelight mehrere Schlüsselstrategien:

1. **Blog und Artikel:** GourmetDelight hat einen eigenen Blog gestartet, der eine Vielzahl von Artikeln bietet, die von exklusiven Rezepten und Kochtipps bis hin zu Geschichten über die Herkunft der Zutaten und kulinarische Trends reichen.

2. **Videos und Tutorials:** Es wurden Kochvideos und Tutorials mit renommierten Köchen und

Lebensmittelexperten erstellt, um ein interaktives und visuelles Lernerlebnis zu bieten.

3. **Soziale Medien:** GourmetDelight nutzt soziale Medien aktiv, um Inhalte zu teilen, mit Followern zu interagieren und Benutzer zu ermutigen, ihre eigenen kulinarischen Erlebnisse und Kreationen zu teilen.

4. **Online-Events und Webinare:** Online-Events wie Webinare und virtuelle Verkostungen wurden organisiert, um die Community zusammenzubringen und exklusive Erlebnisse zu bieten.

5. **Newsletter:** Um die Community über aktuelle Neuigkeiten, Sonderangebote und Veranstaltungen zu informieren, wurde ein regelmäßiger Newsletter eingerichtet.

6. **Partnerschaften mit Influencern:** Es wurden Partnerschaften mit kulinarischen Influencern geschlossen, um die Reichweite der Inhalte zu vergrößern und neue Mitglieder für die Community zu gewinnen.

Ergebnisse: Die Content-Marketing-Strategie von GourmetDelight führte zu mehreren positiven Ergebnissen:

- **Community-Wachstum: Die** Online-

Community von GourmetDelight ist schnell gewachsen, mit einem deutlichen Anstieg an Abonnenten und aktiven Teilnehmern.

- **Erhöhtes Engagement:** Interaktive und lehrreiche Inhalte erzeugten ein hohes Engagement, wobei Kommentare, Shares und Interaktionen auf allen Plattformen zunahmen.

- **Kundenbindung:** Die Schaffung einer leidenschaftlichen Community hat die Kundenbindung gestärkt, mit positivem Feedback zu den von GourmetDelight angebotenen Produkten und Erlebnissen.

- **Erhöhter Umsatz:** Die Content-Strategie führte zu einem Anstieg des Umsatzes, wobei Community-Mitglieder zu Stammkunden und Markenbotschaftern wurden.

Fazit: Die GourmetDelight-Fallstudie veranschaulicht die Wirksamkeit einer gut konzipierten Content-Marketing-Strategie beim Aufbau und der Einbindung einer Online-Community. Durch die Bereitstellung reichhaltiger, interaktiver Inhalte, die die Leidenschaften seines Publikums widerspiegeln, hat GourmetDelight nicht nur seine Online-Präsenz gestärkt, sondern auch eine starke und dauerhafte Beziehung zu seinen Kunden aufgebaut und die Macht von Inhalten beim Aufbau einer treuen und engagierten Markengemeinschaft unter Beweis gestellt.

Experteninterviews

1. „Navigating the AI Era": Interview mit Dr. Sophie Lemaire, Spezialistin für künstliche Intelligenz und Marketing

Hintergrund: Künstliche Intelligenz (KI) revolutioniert viele Branchen, darunter auch das Marketing. Um diese Entwicklung besser zu verstehen, wurde ein Interview mit Dr. Sophie Lemaire geführt, einer anerkannten Spezialistin auf dem Gebiet der KI im Marketing.

Ziel des Interviews: Ziel war es, Einblicke in die Auswirkungen von KI im Marketing, die damit verbundenen Herausforderungen und Best Practices für die effektive Integration von KI in Marketingstrategien zu gewinnen.

Kernpunkte des Interviews:

1. **Rolle der KI im modernen Marketing:**
   o Dr. Lemaire erklärte, wie KI das Marketing verändert, indem sie unter anderem eine tiefere Personalisierung, vorausschauende Analyse von Verbrauchertrends und die Automatisierung sich wiederholender Aufgaben ermöglicht.

2. **Herausforderungen bei der KI-Integration:**

- Sie hob die Herausforderungen bei der Integration von KI hervor, etwa den Bedarf an qualitativ hochwertigen Daten, ethische Bedenken und Datenschutzbedenken sowie den Bedarf an speziellen Fähigkeiten für die Verwaltung von KI-Technologien.

3. **Beispiele für den Erfolg von KI im Marketing:**

- Dr. Lemaire stellte Fallstudien vor, in denen KI erfolgreich eingesetzt wurde, um die Kundenbindung zu verbessern, Werbekampagnen zu optimieren und den Umsatz zu steigern.

4. **Zukunft der KI im Marketing:**

- Sie diskutierte zukünftige Trends und prognostizierte einen zunehmenden Einsatz von KI für die dynamische Inhaltserstellung, das Kundenbeziehungsmanagement und das prädiktive Marketing.

5. **Tipps für Unternehmen, die KI einführen:**

- Dr. Lemaire riet Unternehmen, klein anzufangen, sich auf klare Ziele zu konzentrieren und sicherzustellen, dass sie über die Ressourcen verfügen, um KI-generierte Daten zu verwalten und zu interpretieren.

6. **Einfluss von KI auf**

Marketingfähigkeiten:

o Sie erörterte auch die Auswirkungen von KI auf die im Marketing erforderlichen Fähigkeiten und betonte die Bedeutung des Verständnisses von Daten, des analytischen Denkens und der Fähigkeit, mit Technologie zusammenzuarbeiten.

Fazit des Interviews: Das Interview mit Dr. Sophie Lemaire bot wertvolle Einblicke in die wachsende Bedeutung von KI im Marketing. Seine Erkenntnisse zeigen, wie Unternehmen diese neue Ära meistern können, indem sie KI zur Verbesserung ihrer Marketingstrategien nutzen und gleichzeitig auf ethische Herausforderungen und Auswirkungen achten. Dieses Gespräch unterstreicht, wie wichtig es ist, dass sich Marketingfachleute kontinuierlich anpassen und weiterbilden, um in einer sich ständig verändernden Landschaft relevant zu bleiben.

2. „Die Zukunft der digitalen Werbung": Diskussion mit Marc Dubois, Pionier der Programmatic Advertising

Kontext: Digitale Werbung entwickelt sich ständig weiter und Programmatic Advertising steht an der Spitze dieser Transformation. Um dieses Thema zu vertiefen, wurde ein ausführliches Gespräch mit Marc Dubois geführt, einem anerkannten Experten und Pionier auf dem Gebiet der programmatischen Werbung.

Diskussionsziel: Ziel war es, aktuelle und zukünftige Trends in der digitalen Werbung, insbesondere der programmatischen Werbung, zu verstehen und Erkenntnisse darüber zu gewinnen, wie Unternehmen sich an diese Entwicklungen anpassen und von ihnen profitieren können.

Wichtige Diskussionspunkte:

1. **Aktueller Stand der programmatischen Werbung:**

   ○ Marc Dubois erläuterte zunächst, wie Programmatic Advertising die digitale Werbelandschaft revolutioniert hat und es Werbetreibenden ermöglicht, durch Automatisierung und Datenanalyse Werbeflächen effizienter und gezielter zu kaufen.

2. **Herausforderungen und Möglichkeiten:**

   ○ Er betonte die Herausforderungen, vor denen Programmatic Advertising steht, insbesondere im Hinblick auf Datenschutz und Datentransparenz. Er betonte jedoch auch die immensen Möglichkeiten, die sich daraus hinsichtlich präziser Zielgruppenausrichtung und Erfolgsmessung ergeben.

3. **Auswirkungen der künstlichen Intelligenz:**

   ○ Dubois erörterte den wachsenden

Einfluss von KI in der programmatischen Werbung, unter anderem für die Gebotsoptimierung in Echtzeit, die Personalisierung von Anzeigen und die Vorhersage des Verbraucherverhaltens.

4. **Zukunft der digitalen Werbung:**

o   Er teilte seine Vision für die Zukunft der digitalen Werbung und prognostizierte einen zunehmenden Einsatz von Augmented und Virtual Reality sowie die Entstehung neuer interaktiver Werbeformate.

5. **Tipps für Werbetreibende:**

o   Marc Dubois riet Werbetreibenden, über die neuesten Technologien und Trends auf dem Laufenden zu bleiben, sich auf die Erstellung hochwertiger Inhalte zu konzentrieren und einen verbraucherorientierten Ansatz zu verfolgen, um wettbewerbsfähig zu bleiben.

6. **Entwicklung der Marketingfähigkeiten:**

o   Er erörterte auch die sich entwickelnden Fähigkeiten, die im digitalen Marketing erforderlich sind, und betonte die Bedeutung des Verständnisses neuer Technologien, Datenanalyse und Kreativität.

Fazit der Diskussion: Die Diskussion mit Marc Dubois bot wertvolle Perspektiven auf die rasante Entwicklung der digitalen Werbung und die entscheidende Rolle der programmatischen Werbung. Seine Erkenntnisse unterstreichen, wie wichtig es für Unternehmen ist, sich an technologische Veränderungen anzupassen, ethische Standards einzuhalten und sich auf die Erstellung von Werbekampagnen zu konzentrieren, die bei ihrem Publikum Anklang finden. Dieses Gespräch verdeutlicht, dass Technologie zwar ein zentraler Treiber ist, Kreativität und Verbraucherverständnis jedoch weiterhin im Mittelpunkt des Erfolgs digitaler Werbung stehen.

3. „Erfolgreiche Content-Strategien": Ratschläge von Julia Renard, Chefredakteurin und Content-Strategin

Hintergrund: In einer digitalen Welt, in der Inhalte das A und O sind, ist die Entwicklung einer effektiven Content-Strategie entscheidend für den Erfolg jedes Online-Unternehmens. Julia Renard, eine erfahrene Redakteurin und Content-Strategin, gibt ihre Tipps zum Erstellen erfolgreicher Content-Strategien.

Ziel des Interviews: Das Ziel bestand darin, praktische Tipps und bewährte Strategien zur Erstellung ansprechender, informativer und einflussreicher Inhalte zu sammeln, die das

Publikum fesseln und das Geschäftswachstum fördern können.

Kernpunkte des Interviews:

1. Das Publikum verstehen:

o   Julia Renard betonte, wie wichtig es sei, die Zielgruppe genau zu verstehen. Sie empfiehlt, eine gründliche Recherche durchzuführen, um die Interessen, Bedürfnisse und Vorlieben des Publikums zu erfassen und Inhalte zu erstellen, die wirklich bei ihm Anklang finden.

2. Erstellung hochwertiger Inhalte:

o   Sie betonte die Bedeutung von Qualität vor Quantität. Inhalte müssen gut recherchiert und gut geschrieben sein und einen echten Mehrwert bieten. Sie empfiehlt die Verwendung von Geschichten und Beispielen aus dem wirklichen Leben, um den Inhalt nachvollziehbarer und einprägsamer zu machen.

3. Kohärenz und Branding:

o   Julia betonte, wie wichtig es sei, einen einheitlichen Ton, Stil und Botschaften beizubehalten, um die Markenidentität zu stärken. Jeder Inhalt sollte die Persönlichkeit und die Werte der Marke widerspiegeln.

4. Optimierung für SEO:

o   Sie empfahl die Integration von

SEO-Strategien in die Inhaltserstellung, um die Online-Sichtbarkeit zu verbessern. Dazu gehört die Verwendung relevanter Schlüsselwörter, die Erstellung einprägsamer Titel und die Erstellung von Inhalten, die häufige Benutzerfragen beantworten.

5. **Nutzung sozialer Medien:**

o   Julia empfahl die Nutzung sozialer Medien, um Inhalte zu bewerben und direkt mit dem Publikum in Kontakt zu treten. Sie schlägt unterschiedliche Formate (Beiträge, Videos, Infografiken) vor, um das Engagement aufrechtzuerhalten.

6. **Messung und Analyse:**

o   Sie betonte, wie wichtig es sei, die Leistung von Inhalten regelmäßig mithilfe von Analysetools zu messen. Wenn Sie verstehen, was funktioniert und was nicht, können Sie die Strategie entsprechend anpassen.

Fazit des Interviews: Das Interview mit Julia Renard bietet wertvolle Einblicke in die Erstellung effektiver Content-Strategien. Sein Rat unterstreicht, wie wichtig es ist, das Publikum zu verstehen, qualitativ hochwertige Inhalte zu produzieren, die Markenkonsistenz aufrechtzuerhalten, für SEO zu optimieren, soziale Medien für das Engagement zu nutzen und die Leistung für kontinuierliche Anpassungen zu messen. Diese Strategien sind für jedes Unternehmen, das eine starke Online-Präsenz aufbauen und eine authentische Verbindung zu seinem Publikum aufbauen möchte, von entscheidender Bedeutung.

4. „Die Macht der Augmented Reality": Perspektiven von Alex Tremblay, Innovator in AR und VR

Kontext: Augmented Reality (AR) und Virtual Reality (VR) verändern viele Branchen und bieten immersive und interaktive Erlebnisse. Alex Tremblay, ein anerkannter Innovator im Bereich AR und VR, teilt seine Perspektiven zu den Auswirkungen und Anwendungen dieser Technologien.

Ziel des Interviews: Das Ziel bestand darin, die Möglichkeiten zu erkunden, die AR und VR insbesondere im Kontext von Marketing und Kundenbindung bieten, und zu verstehen, wie Unternehmen diese Technologien nutzen können, um ihre Geschäftsstrategien zu verbessern.

Kernpunkte des Interviews:

1. **Potenzial von AR und VR:**

   o Alex Tremblay hob zunächst das immense Potenzial von AR und VR hervor, fesselnde Kundenerlebnisse zu schaffen. Er erklärte, wie diese

Technologien es Benutzern ermöglichen, in virtuelle Umgebungen einzutauchen oder ihre aktuelle Realität mit digitalen Informationen zu erweitern.

2. **Anwendungen im Marketing:**

o   Tremblay diskutierte die Anwendungen von AR und VR im Marketing, darunter virtuelle Produkttests, immersive Laden- oder Immobilientouren und interaktive Werbekampagnen.

3. **Herausforderungen und Lösungen:**

o   Er erörterte die technischen und finanziellen Herausforderungen der Einführung von AR und VR und betonte gleichzeitig die Bedeutung der Entwicklung ansprechender und zugänglicher Inhalte, um eine erfolgreiche Akzeptanz durch die Verbraucher sicherzustellen.

4. **Auswirkungen auf das Kundenerlebnis:**

o   Tremblay erklärte, wie AR und VR das Kundenerlebnis bereichern und Möglichkeiten für Interaktion und Engagement bieten können, die über herkömmliche Methoden hinausgehen.

5. **Zukunft von AR und VR:**

o   Er teilte seine Vision für die Zukunft dieser Technologien mit und sah eine weitere Integration in das tägliche Leben sowie eine kontinuierliche

Verbesserung ihrer Zugänglichkeit und Benutzerfreundlichkeit vor.

6. **Hinweise für Unternehmen:**

o   Alex Tremblay riet Unternehmen, die an AR und VR interessiert sind, mit Pilotprojekten zu beginnen, um das Interesse und die Reaktion der Verbraucher zu testen und gleichzeitig auf technologische Entwicklungen und Best Practices der Branche zu achten.

Fazit des Interviews: Das Interview mit Alex Tremblay bietet wertvolle Einblicke in das transformative Potenzial von AR und VR, insbesondere im Bereich Marketing und Kundenbindung. Seine Erkenntnisse unterstreichen, wie wichtig es für Unternehmen ist, diese Technologien zu verstehen, ihre praktischen Anwendungen zu erkunden und sie strategisch zu integrieren, um das Kundenerlebnis zu bereichern und sich in einem wettbewerbsintensiven Markt abzuheben.

5. „Blockchain und Marketing": Zukunftsvision mit Anil Gupta, Blockchain-Experte

Kontext: Blockchain, oft mit Kryptowährungen in Verbindung gebracht, hat Anwendungen, die weit über den Finanzbereich hinausgehen. Anil Gupta, Experte für Blockchain-Technologie, erkundet deren Potenzial im Bereich Marketing.

Ziel des Interviews: Ziel war es zu verstehen, wie Blockchain das Marketing im Hinblick auf Transparenz, Datensicherheit und neue Kampagnenmöglichkeiten verändern kann.

Kernpunkte des Interviews:

1. **Einführung in Blockchain im Marketing:**

o   Anil Gupta erläuterte zunächst die Grundlagen der Blockchain und wie ihr dezentraler und sicherer Charakter dem Marketing zugute kommen kann. Er betonte die Bedeutung von Transparenz und Rückverfolgbarkeit, die Blockchain für Marketingkampagnen bieten kann.

2. **Praktische Anwendungen:**

o   Gupta diskutierte reale Anwendungen von Blockchain im Marketing, wie die sichere Verwaltung von Kundendaten, die transparente Verfolgung von Lieferketten für Marketingprodukte und die Schaffung effizienterer und sichererer Treueprogramme.

3. **Personalisierung und Datenschutz:**

o   Er betonte, wie Blockchain Marketing-Personalisierung mit Datenschutz in Einklang bringen kann. Durch den Einsatz von Blockchain können Unternehmen personalisierte Erlebnisse bieten und den Verbrauchern gleichzeitig eine größere Kontrolle über ihre Daten geben.

4. Auswirkungen auf digitale Werbung:

o   Gupta erörterte die möglichen Auswirkungen der Blockchain auf digitale Werbung, einschließlich der Reduzierung von Anzeigenbetrug und der Verbesserung der Kampagnentransparenz.

5. Herausforderungen und Einschränkungen:

o   Er erörterte auch die Herausforderungen der Einführung von Blockchain im Marketing, wie etwa die technologische Komplexität, die Notwendigkeit einer Standardisierung und regulatorische Fragen.

6. Zukunftsvision:

o   Abschließend teilte Anil Gupta seine Vision für die Zukunft der Blockchain im Marketing. Er prognostiziert eine zunehmende Akzeptanz von Blockchain, was zu transparenteren, sichereren und verbraucherorientierten Kampagnen führen wird.

Fazit des Interviews: Das Interview mit Anil Gupta bietet einen detaillierten Einblick in das revolutionäre Potenzial der Blockchain im Marketing. Seine Erkenntnisse zeigen, wie diese Technologie die Art und Weise verändern kann, wie Unternehmen Kundendaten verwalten, Werbekampagnen durchführen und Vertrauen bei ihren Zielgruppen aufbauen. Für Vermarkter könnte das Verständnis und die Einführung von Blockchain ein Schlüsselfaktor sein, um in einer sich ständig verändernden digitalen Zukunft wettbewerbsfähig zu bleiben.

6. „E-Commerce-Revolution": Einblicke von Mia Zhang, CEO von E-Shop Innovations

Kontext: Der E-Commerce hat einen schnellen und kontinuierlichen Wandel durchlaufen, der die Kaufgewohnheiten der Verbraucher tiefgreifend beeinflusst. Mia Zhang, CEO von E-Shop Innovations, einem führenden Unternehmen für E-Commerce-Lösungen, teilt ihre Erkenntnisse über aktuelle und zukünftige Branchentrends.

Ziel des Interviews: Ziel war es, Expertenmeinungen zur E-Commerce-Revolution einzuholen, wobei der Schwerpunkt auf technologischen Innovationen, digitalen Marketingstrategien und sich verändernden Verbrauchererwartungen lag.

Kernpunkte des Interviews:

1. **Entwicklung des elektronischen Handels:**

   ○   Mia Zhang sprach zunächst über die rasante Entwicklung des E-Commerce und betonte, wie Technologie die Art und Weise verändert hat, wie Menschen Produkte kaufen und verkaufen. Dabei wurde die wachsende Bedeutung der Benutzererfahrung auf E-Commerce-Plattformen hervorgehoben.

2. **Technologische Innovationen:**

o Zhang sprach über die neuesten Innovationen wie künstliche Intelligenz, Augmented Reality und Chatbots, die das Online-Einkaufserlebnis verändern, indem sie es interaktiver und personalisierter machen.

3. **Digitale Marketingstrategien:**

o Sie gab Einblicke in effektive digitale Marketingstrategien im E-Commerce, einschließlich der Bedeutung von SEO, Content-Marketing und sozialen Medien für die Gewinnung und Bindung von Kunden.

4. **Konsumenten-Verhalten:**

o Zhang erörterte das veränderte Verbraucherverhalten und betonte die wachsende Nachfrage nach schnellen, sicheren und personalisierten Online-Einkaufserlebnissen.

5. **Herausforderungen und Möglichkeiten:**

o Sie ging auf die Herausforderungen ein, mit denen Online-Händler konfrontiert sind, darunter das Logistikmanagement, den zunehmenden Wettbewerb und die Notwendigkeit einer ständigen

Anpassung an neue Technologien.

6. **Zukunft des elektronischen Handels:**

o   Abschließend teilte Mia Zhang ihre Vision für die Zukunft des E-Commerce mit, die eine weitere Integration fortschrittlicher Technologien und einen verstärkten Fokus auf personalisierte und Omnichannel-Kundenerlebnisse vorsieht.

Fazit des Interviews: Das Interview mit Mia Zhang bietet wertvolle Einblicke in die sich ständig verändernde Dynamik des E-Commerce. Seine Erkenntnisse unterstreichen die Bedeutung technologischer Innovation und eines tiefen Verständnisses des Verbraucherverhaltens für den Erfolg im modernen E-Commerce. Für Unternehmen, die in diesem Sektor tätig sind, ist es von entscheidender Bedeutung, an der Spitze der Technologie zu bleiben und sich schnell an Marktveränderungen anzupassen, um wettbewerbsfähig zu bleiben und die Bedürfnisse der Verbraucher effektiv zu erfüllen.

7. „Social Media Engagement": Strategien von Laura Martinez, Social Media Consultant

Kontext: In einer Welt, in der soziale Medien zu einem zentralen Bestandteil der Kommunikation und des Marketings geworden sind, ist das Engagement auf diesen Plattformen entscheidend für den Geschäftserfolg. Laura Martinez, eine erfahrene Social-Media-Beraterin, teilt ihre Strategien zur Maximierung des Engagements und zum Aufbau der Online-Präsenz von Marken.

Ziel des Interviews: Das Ziel bestand darin, wirksame Strategien und praktische Tipps zur Verbesserung des Social-Media-Engagements zu sammeln, wobei der Schwerpunkt auf Best Practices für die Verbindung mit Zielgruppen und den Aufbau von Markensichtbarkeit lag.

Kernpunkte des Interviews:

1. **Das Publikum verstehen:**

   o Laura Martinez betonte, wie wichtig es sei, die Zielgruppe genau zu verstehen. Sie empfiehlt, Demografie, Interessen und Verhaltensweisen zu analysieren, um Inhalte zu erstellen, die beim Publikum Anklang finden.

2. **Qualität und konsistenter Inhalt:**

   o Sie bestand auf der Notwendigkeit, qualitativ hochwertige Inhalte zu produzieren, die konsistent und auf die Markenidentität abgestimmt sind. Der Inhalt sollte informativ, unterhaltsam und ansprechend sein, um die Interaktion zu fördern.

3. **Interaktion und Reaktionsfähigkeit:**

   o Martinez riet dazu, schnell auf Kommentare und Nachrichten zu reagieren, um Vertrauen beim Publikum aufzubauen. Regelmäßige Interaktion erhöht das Engagement und die Loyalität der Abonnenten.

4. **Nutzung von Plattformfunktionen:**

o   Sie empfahl, die von jeder Plattform angebotenen Funktionen wie Instagram Stories, Twitter-Umfragen oder Facebook Live Video voll auszuschöpfen, um den Inhalt zu diversifizieren und das Engagement zu steigern.

5. **Kampagnen und Kooperationen:**

o   Laura schlug vor, interaktive Kampagnen wie Wettbewerbe oder Challenges durchzuführen und mit Influencern zusammenzuarbeiten, um die Reichweite zu vergrößern und neue Follower zu gewinnen.

6. **Messung und Analyse:**

o   Sie betonte, wie wichtig es ist, die Leistung regelmäßig mithilfe von Analysetools zu messen, um zu verstehen, was funktioniert und was nicht, und um die Strategie entsprechend anzupassen.

Fazit des Interviews: Das Interview mit Laura Martinez bietet wertvolle Einblicke zur Optimierung des Social-Media-Engagements. Sein Rat unterstreicht, wie wichtig es ist, das Publikum zu verstehen, hochwertige Inhalte zu erstellen, aktiv mit Abonnenten zu interagieren, Plattformfunktionen zu nutzen und die Wirkung ergriffener Maßnahmen zu messen. Für Marken, die ihre Online-Präsenz stärken möchten, kann die Einführung dieser Strategien zu einer deutlichen Steigerung des Engagements und einer verbesserten Sichtbarkeit in den sozialen Medien führen.

8. „Datenanalyse für das Marketing": Fortgeschrittene Techniken mit Dr. Rajesh Kumar, Datenwissenschaftler

Hintergrund: Datenanalysen spielen im modernen Marketing eine entscheidende Rolle und ermöglichen es Unternehmen, fundierte Entscheidungen zu treffen und ihre Strategien zu optimieren. Dr. Rajesh Kumar, ein renommierter Datenwissenschaftler, teilt seine Erkenntnisse über den Einsatz fortschrittlicher Datenanalysetechniken im Marketing.

Ziel des Interviews: Das Ziel bestand darin, die Methoden und Anwendungen der erweiterten Datenanalyse im Marketing zu erkunden und sich dabei darauf zu konzentrieren, wie Unternehmen diese Techniken nutzen können, um die Effektivität ihrer Marketingkampagnen zu verbessern.

Kernpunkte des Interviews:

1. **Bedeutung der Datenanalyse:**

   o Dr. Kumar betonte zunächst

die Bedeutung der Datenanalyse für das Verständnis des Verbraucherverhaltens und die Messung der Wirksamkeit von Marketingkampagnen.

2. **Erweiterte Analysetechniken:**

o   Er diskutierte fortgeschrittene Techniken wie maschinelles Lernen, prädiktive Analysen und Verarbeitung natürlicher Sprache. Diese Techniken ermöglichen es, Trends zu erkennen, Verbraucherverhalten vorherzusagen und Kampagnen in Echtzeit zu optimieren.

3. **Marketing-Personalisierung:**

o   Dr. Kumar erklärte, wie Datenanalysen eine weitere Personalisierung von Marketingkampagnen ermöglichen und Verbraucher mit Nachrichten und Angeboten ansprechen, die auf ihre individuellen Bedürfnisse und Vorlieben zugeschnitten sind.

4. **Marktsegmentierung:**

o   Er betonte die Bedeutung einer datengesteuerten Marktsegmentierung, die es Unternehmen ermöglicht, bestimmte Zielgruppen effektiver anzusprechen.

5. **Leistungsmessung:**

o   Dr. Kumar erörterte Methoden zur Messung und Analyse der Leistung von Marketingkampagnen unter Verwendung von Key Performance Indicators (KPIs) zur Bewertung der Kapitalrendite (ROI).

6. **Herausforderungen und Lösungen:**

o Er erörterte auch die Herausforderungen der Datenanalyse, etwa die Verwaltung großer Datenmengen und die Gewährleistung des Schutzes der Privatsphäre der Verbraucher.

Fazit des Interviews: Das Interview mit Dr. Rajesh Kumar bietet wertvolle Einblicke in die Anwendung fortschrittlicher Datenanalysen im Marketing. Seine Erkenntnisse unterstreichen die Bedeutung der strategischen Nutzung von Daten, um Verbraucher zu verstehen, Kampagnen zu personalisieren und die Wirksamkeit von Marketingbemühungen zu messen. Für Unternehmen, die ihre Marketingstrategien optimieren möchten, ist die Einführung dieser fortschrittlichen Datenanalysetechniken von entscheidender Bedeutung, um in einem zunehmend datengesteuerten Geschäftsumfeld wettbewerbsfähig zu bleiben.

9. „Personalisierung im digitalen Zeitalter": Interview mit Emily Robinson, Expertin für personalisiertes Marketing

Hintergrund: Personalisierung ist zu einem wichtigen Bestandteil des digitalen Marketings geworden und ermöglicht es Unternehmen, auf sinnvollere und effektivere Weise mit ihren Kunden in Kontakt zu treten. Emily Robinson, eine Expertin für personalisiertes Marketing, teilt ihre Erkenntnisse zu Best Practices und Trends in diesem Bereich.

Ziel des Interviews: Ziel war es zu verstehen, wie Unternehmen Personalisierung nutzen können, um die Kundenbindung zu verbessern, die Conversions zu steigern und die Markentreue im heutigen digitalen Umfeld aufzubauen.

Kernpunkte des Interviews:

1. **Bedeutung der Personalisierung:**

   o Emily Robinson hob zunächst die wachsende Bedeutung der Personalisierung im digitalen Marketing hervor. Sie erklärte, wie Personalisierung das Kundenerlebnis verbessern kann, indem sie Interaktionen relevanter und ansprechender macht.

2. **Datennutzung zur Personalisierung:**

   o Sie sprach über die Verwendung von Kundendaten zur Schaffung personalisierter Erlebnisse. Dazu gehört die Analyse von Kaufverhalten, Präferenzen und vergangenen Interaktionen, um maßgeschneiderte Empfehlungen und Inhalte anzubieten.

3. **Personalisierungstechnologien:**

   o Robinson diskutierte

die verschiedenen Technologien, die die Personalisierung erleichtern, wie künstliche Intelligenz, maschinelles Lernen und Marketingautomatisierung, die eine Personalisierung in großem Maßstab ermöglichen.

4. **Personalisierte Content-Strategien:**

o   Sie teilte Strategien zur Erstellung effektiver personalisierter Inhalte mit und betonte, wie wichtig es ist, die individuellen Bedürfnisse und Wünsche jedes Kundensegments zu verstehen.

5. **Herausforderungen bei der Anpassung:**

o   Emily diskutierte auch die Herausforderungen der Personalisierung, einschließlich der Verwaltung des Datenschutzes und der Balance zwischen Personalisierung und Informationsüberflutung.

6. **Zukunft der Personalisierung:**

o   Abschließend teilte sie ihre Vision für die Zukunft der Personalisierung im digitalen Marketing mit und prognostizierte einen zunehmenden Einsatz fortschrittlicher Technologien und eine noch verfeinerte und integrierte Personalisierung.

Fazit des Interviews: Das Interview mit Emily Robinson bietet wertvolle Einblicke in die Personalisierung im digitalen Marketing. Sein Rat unterstreicht die Bedeutung des strategischen

Einsatzes von Daten und Technologie, um personalisierte und unvergessliche Kundenerlebnisse zu schaffen. Für Unternehmen, die sich in einer überfüllten digitalen Landschaft hervorheben möchten, ist die Einführung fortschrittlicher Personalisierungsstrategien von entscheidender Bedeutung, um Kunden effektiv einzubinden und Markentreue aufzubauen.

10. „SEO und Online-Sichtbarkeit": Tipps von Kevin Patel, SEO-Guru

Kontext: In einer digitalen Welt, in der Online-Sichtbarkeit für den Geschäftserfolg von entscheidender Bedeutung ist, spielt natürliche Referenzierung (SEO) eine entscheidende Rolle. Kevin Patel, ein anerkannter SEO-Experte, gibt seine Tipps und Strategien zur Verbesserung der Online-Sichtbarkeit von Unternehmen weiter.

Ziel des Interviews: Das Ziel bestand darin, praktische Tipps und bewährte Strategien zur Optimierung von SEO und zur Verbesserung der Online-Präsenz von Unternehmen zu sammeln, wobei der Schwerpunkt auf Best Practices zur Steigerung des organischen Traffics und der Sichtbarkeit in Suchmaschinen lag. der Forschung.

Kernpunkte des Interviews:

1. **Bedeutung von SEO:**
   o Kevin Patel betonte zunächst die Bedeutung von SEO im heutigen digitalen Marketing. Er erklärte, wie gutes

SEO zu erhöhter Sichtbarkeit, qualitativ hochwertigem Traffic und besserer Online-Glaubwürdigkeit führen kann.

2. **Schlagwortsuche:**

o   Patel betonte die Bedeutung der Keyword-Recherche, um zu verstehen, wonach die Zielgruppe sucht. Er empfahl den Einsatz von Keyword-Recherchetools, um relevante Begriffe mit hohem Potenzial zu identifizieren.

3. **On-Page-Optimierung:**

o   Er gab Tipps zur On-Page-Optimierung, einschließlich der Erstellung überzeugender Titel und Meta-Beschreibungen, der richtigen Verwendung von H1- und H2-Tags und der Optimierung von Bildern.

4. **Qualitätsinhalt:**

o   Kevin betonte, wie wichtig es ist, qualitativ hochwertige Inhalte zu produzieren, die informativ und für das Publikum relevant sind. Er empfahl die Erstellung von Inhalten, die Benutzerfragen beantworten und einen Mehrwert schaffen.

5. **Technisches SEO:**

o   Er ging auf die technische Seite von SEO ein und sprach über die Bedeutung der Ladegeschwindigkeit der Website, der Kompatibilität mit Mobilgeräten und einer sauberen URL-Struktur.

6. **Backlinks und Domain-Autorität:**

o   Patel erörterte die Bedeutung von Backlinks für den Aufbau von Domain-Autorität. Er empfahl die Einführung ethischer Linkbuilding-Strategien, um qualitativ hochwertige Links von seriösen Websites zu erhalten.

7. **Messung und Analyse:**

o   Abschließend betonte er, wie wichtig es ist, die SEO-Leistung mithilfe von Tools wie Google Analytics und der Google Search Console zu messen und zu analysieren, um zu verstehen, was funktioniert und was verbessert werden kann.

Fazit des Interviews: Das Interview mit Kevin Patel bietet wertvolle Einblicke in die Optimierung von SEO zur Verbesserung der Online-Sichtbarkeit. Sein Rat unterstreicht die Bedeutung einer gut geplanten SEO-Strategie, einschließlich Keyword-Recherche, On-Page-Optimierung, hochwertiger Inhaltserstellung, technischer Aspekte und einer soliden Backlink-Strategie. Für Unternehmen, die ihre Online-Präsenz steigern möchten, kann die Befolgung dieser Tipps zu einer deutlichen Verbesserung ihrer Sichtbarkeit in Suchmaschinen und einer Steigerung ihres organischen Traffics führen.

11. „Mobiles Marketing und Anwendungen": Trends und Ratschläge von Omar Farooq, Entwickler mobiler Anwendungen

Hintergrund: Mit der stetig steigenden Smartphone-Nutzung sind Mobile Marketing und Apps zu unverzichtbaren Instrumenten geworden, um Verbraucher zu erreichen. Omar Farooq, ein erfahrener Entwickler mobiler Apps, teilt seine Sicht auf die neuesten Trends und gibt Tipps für den Erfolg im mobilen Marketing.

Ziel des Interviews: Das Ziel bestand darin, aktuelle und zukünftige mobile Marketingstrategien zu erkunden und sich dabei darauf zu konzentrieren, wie Unternehmen mobile Apps nutzen können, um die Kundenbindung zu verbessern und den Umsatz zu steigern.

Kernpunkte des Interviews:

1. **Wachsende Bedeutung von Mobile Marketing:**

   o Omar Farooq hob zunächst die wachsende Bedeutung des mobilen Marketings in der heutigen Landschaft hervor. Er erläuterte, wie Smartphones für viele Verbraucher zu einem bevorzugten Kommunikationskanal geworden sind.

2. **Entwicklung mobiler Anwendungen:**

○ Farooq gab Einblicke in die Entwicklung mobiler Apps und betonte, wie wichtig es ist, intuitive, schnelle und ansprechende Apps zu erstellen, die den Benutzern einen echten Mehrwert bieten.

3. **Personalisierung und Benutzererfahrung:**

○ Er betonte die Bedeutung der Personalisierung in mobilen Anwendungen zur Verbesserung der Benutzererfahrung. Farooq empfahl die Verwendung von Benutzerdaten, um personalisierte und relevante Erlebnisse bereitzustellen.

4. **Integration erweiterter Funktionen:**

○ Omar erörterte die Integration fortschrittlicher Funktionen wie Augmented Reality, Chatbots und künstliche Intelligenz, um das Benutzererlebnis zu bereichern und das Engagement zu steigern.

5. **Monetarisierungsstrategien:**

○ Er diskutierte verschiedene Monetarisierungsstrategien für mobile Apps, darunter In-App-Käufe, Abonnements und gezielte Werbung.

6. **Bedeutung von Updates und Support:**

○ Farooq betonte, wie wichtig es ist, Apps mit den neuesten Funktionen auf dem neuesten Stand zu halten und zeitnahen Support zu bieten, um die Benutzerzufriedenheit zu verbessern.

7. **Zukünftige Trends im Mobile Marketing:**

o Abschließend teilte er seine Vision für zukünftige Trends im mobilen Marketing mit und prognostizierte einen zunehmenden Einsatz neuer Technologien, um immersivere und interaktivere Benutzererlebnisse zu schaffen.

Fazit des Interviews: Das Interview mit Omar Farooq bietet wertvolle Perspektiven zum Thema Mobile Marketing und App-Entwicklung. Sein Rat unterstreicht die Bedeutung der Entwicklung benutzerzentrierter mobiler Apps, die erweiterte Funktionen integrieren und personalisierte Erlebnisse bieten. Für Unternehmen, die sich in einem überfüllten Mobilfunkmarkt hervorheben möchten, kann die Einführung dieser Strategien zu einer deutlich verbesserten Kundenbindung und höheren Umsätzen führen.

12. „Influencer und Marken": Effektive Zusammenarbeit mit Sarah Johnson, Influencer-Marketing-Spezialistin

Kontext: Influencer-Marketing ist in der heutigen digitalen Welt zu einem wichtigen Bestandteil von

Markenstrategien geworden. Sarah Johnson, eine renommierte Expertin für Influencer-Marketing, teilt ihre Erkenntnisse darüber, wie Marken effektiv mit Influencern zusammenarbeiten können, um ihre Wirkung zu maximieren.

Ziel des Interviews: Das Ziel bestand darin, Best Practices für die Zusammenarbeit zwischen Marken und Influencern zu erkunden und sich dabei auf die Schaffung authentischer und für beide Seiten vorteilhafter Partnerschaften zu konzentrieren.

Kernpunkte des Interviews:

1. **Auswahl an Influencern:**
   - Sarah Johnson betonte zunächst, wie wichtig es sei, Influencer auszuwählen, deren Image und Werte mit denen der Marke übereinstimmen. Sie empfahl, vor dem Aufbau einer Partnerschaft das Publikum, das Engagement und die Glaubwürdigkeit des Influencers zu analysieren.

2. **Authentische Beziehungen aufbauen:**
   - Sie betonte, wie wichtig es sei, authentische Beziehungen zu Influencern aufzubauen. Dazu gehört die Zusammenarbeit mit Influencern, die eine echte Leidenschaft für die Marke und ihre Produkte haben.

3. **Content-Strategien:**
   - Johnson diskutierte Content-Strategien

für Influencer-Kampagnen und empfahl, Influencern eine gewisse kreative Freiheit zu geben, um Inhalte zu produzieren, die auf natürliche Weise bei ihrem Publikum ankommen.

4. **Wirkungsmessung:**

o Sie erörterte, wie wichtig es ist, die Wirkung von Influencer-Kampagnen anhand von Kennzahlen wie Engagement, Reichweite und Return on Investment (ROI) zu messen.

5. **Trends und Innovationen:**

o Sarah teilte ihre Einblicke in aktuelle und zukünftige Trends im Influencer-Marketing, einschließlich des zunehmenden Einsatzes von Mikro-Influencern und der Integration von Augmented und Virtual Reality in Kampagnen.

6. **Herausforderungen und Lösungen:**

o Sie erörterte auch häufige Herausforderungen bei der Zusammenarbeit von Marken und Influencern, wie z. B. das Management von Erwartungen und die Aufrechterhaltung der Authentizität, und bot Lösungen zu deren Bewältigung an.

Fazit des Interviews: Das Interview mit Sarah Johnson bietet wertvolle Einblicke in die Zusammenarbeit von Marken und

Influencern im heutigen Marketing. Sein Rat unterstreicht, wie wichtig es ist, die richtigen Influencer auszuwählen, authentische Beziehungen aufzubauen, ansprechende Inhalte zu erstellen und die Wirkung von Kampagnen zu messen. Für Marken, die Influencer-Marketing nutzen möchten, kann die Befolgung dieser Strategien zu erfolgreicheren Partnerschaften und größerer Resonanz bei ihrer Zielgruppe führen.

13. „Benutzererfahrung und Webdesign": Schlüsselprinzipien mit Diego Martinez, UX/UI-Designer

Hintergrund: User Experience (UX) und User Interface (UI) sind entscheidend für den Erfolg jedes digitalen Produkts. Diego Martinez, ein erfahrener UX/UI-Designer, teilt seine wichtigsten Prinzipien für die Erstellung ansprechender und intuitiver Web-Erlebnisse.

Ziel des Interviews: Das Ziel bestand darin, Best Practices im UX/UI-Design zu erkunden und sich dabei auf die Erstellung von Websites und Anwendungen zu konzentrieren, die den Bedürfnissen der Benutzer gerecht werden und gleichzeitig ästhetisch ansprechend sind.

Kernpunkte des Interviews:

  1. **Benutzerverständnis:**

     o   Diego Martinez betonte zunächst,

wie wichtig es sei, die Bedürfnisse, Wünsche und Verhaltensweisen der Benutzer zu verstehen. Als Leitfaden für das Design empfahl er eine umfassende Benutzerrecherche, einschließlich Interviews und Usability-Tests.

2. **Einfachheit und Klarheit:**

o   Er betonte die Notwendigkeit, Einfachheit und Klarheit im Design beizubehalten. Dazu gehört die Verwendung einer intuitiven Navigation, die Reduzierung der kognitiven Überlastung und die Erstellung sauberer Schnittstellen.

3. **Konsistenz im Design:**

o   Martinez sprach über die Bedeutung der Konsistenz im Design und nutzte wiederkehrende Designelemente, harmonische Farbpaletten und einheitliche Typografie, um ein konsistentes Benutzererlebnis zu schaffen.

4. **Sich anpassendes Design:**

o   Er erörterte die Bedeutung von responsivem Design, um sicherzustellen, dass Websites und Apps auf verschiedenen Geräten und Bildschirmgrößen gut funktionieren.

5. **Barrierefreiheit:**

o   Diego betonte die Bedeutung der Barrierefreiheit im UX/UI-Design, um sicherzustellen, dass digitale Produkte von Menschen mit unterschiedlichen Fähigkeiten genutzt werden können.

6. **Testen und Iteration:**

o   Er empfahl kontinuierliche Tests mit echten Benutzern und Iterationen auf der Grundlage von Feedback, um das Benutzererlebnis kontinuierlich zu verbessern.

7. **Trends und Innovationen:**

o   Abschließend teilte Martinez seine Sicht auf aktuelle und zukünftige Trends im Bereich UX/UI, wie die Einführung künstlicher Intelligenz, das Design für Wearables und Augmented Reality.

Fazit des Interviews: Das Interview mit Diego Martinez bietet wertvolle Einblicke in das UX/UI-Design. Seine Grundprinzipien unterstreichen, wie wichtig es ist, Benutzer zu verstehen, einfache und konsistente Designs zu erstellen, Zugänglichkeit sicherzustellen und einen iterativen Ansatz auf der Grundlage von Tests zu verfolgen. Für Designer und Entwickler, die außergewöhnliche Web- und Mobilerlebnisse schaffen möchten, kann die Befolgung dieser Richtlinien zu intuitiveren, ansprechenderen und erfolgreicheren Produkten führen.

14. „Nachhaltige Entwicklung und Marketing": Ethische Ansätze mit Nora Khaled, Beraterin für nachhaltige Entwicklung

Kontext: In einer Welt, die sich zunehmend ökologischer und sozialer Probleme bewusst ist, ist nachhaltige Entwicklung zu einem entscheidenden Aspekt des Marketings geworden. Nora Khaled, eine Nachhaltigkeitsberaterin, teilt ihre Perspektiven zur Integration nachhaltiger und ethischer Praktiken in Marketingstrategien.

Ziel des Interviews: Ziel war es herauszufinden, wie Unternehmen Marketingansätze verfolgen können, die nicht nur die Prinzipien einer nachhaltigen Entwicklung respektieren, sondern auch zu einem positiven und verantwortungsvollen Markenimage beitragen.

Kernpunkte des Interviews:

1. **Bedeutung nachhaltiger Entwicklung im Marketing:**

   o   Nora Khaled betonte die wachsende Bedeutung von Nachhaltigkeit bei Verbraucherentscheidungen. Sie erläuterte, wie ein nachhaltiger Ansatz den Ruf einer Marke stärken und die Kundenbindung fördern kann.

2. **Transparenz und Authentizität:**

   o   Sie betonte

die Notwendigkeit, dass Marken in ihren nachhaltigen Praktiken transparent und authentisch sein müssen. Dazu gehört eine ehrliche Kommunikation über Nachhaltigkeitsbemühungen und Umweltauswirkungen.

3. **Grünes Marketing und Kommunikation:**
o Khaled diskutierte grüne Marketingstrategien und empfahl, die grünen Initiativen des Unternehmens in der Marketingkommunikation hervorzuheben und gleichzeitig Greenwashing zu vermeiden.

4. **Engagement für soziale Verantwortung:**
o Sie betonte die Bedeutung des sozialen Engagements von Unternehmen und ermutigte Marken, relevante soziale und ökologische Anliegen zu unterstützen.

5. **Nachhaltige Innovation:**
o Nora ging auf die Bedeutung von Innovation bei der Entwicklung nachhaltiger Produkte und Dienstleistungen ein und ermutigte Unternehmen, nachhaltige Praktiken bereits in der Designphase zu integrieren.

6. **Partnerschaften und Kooperationen:**
o Sie empfahl den Aufbau von Partnerschaften mit nachhaltigen Organisationen und Umweltgruppen, um die Glaubwürdigkeit und Wirkung von

Nachhaltigkeitsinitiativen zu stärken.

7. **Wirkungsmessung:**

o   Khaled betonte, wie wichtig es sei, die Auswirkungen nachhaltiger Initiativen zu messen und zu kommunizieren und klare Kennzahlen zu verwenden, um das Engagement des Unternehmens für Nachhaltigkeit zu demonstrieren.

Fazit des Interviews: Das Interview mit Nora Khaled bietet wertvolle Einblicke zur Integration von Nachhaltigkeit ins Marketing. Sein Rat unterstreicht die Bedeutung von Transparenz, Authentizität, nachhaltiger Innovation und sozialem Engagement für Marken, die ethische Marketingpraktiken einführen möchten. Für Unternehmen, die sich als verantwortungsbewusst und umweltbewusst positionieren möchten, kann die Umsetzung dieser Strategien nicht nur ihr Markenimage verbessern, sondern auch einen positiven Beitrag für die Gesellschaft und die Umwelt leisten.

Modelle und Beispiele für Strategien

Strategische Planungsmodelle

Strategische Planung ist für jedes Unternehmen, das sich erfolgreich in der sich ständig verändernden Geschäftslandschaft zurechtfinden möchte, von entscheidender Bedeutung. Hier finden Sie einen Leitfaden zu strategischen Planungsmodellen, mit denen Sie den Prozess der Entwicklung effektiver Strategien strukturieren und steuern können.

1. **SWOT-Analyse (Stärken, Schwächen, Chancen, Bedrohungen):**

   o   Dieses Modell beinhaltet die Bewertung der internen Stärken und Schwächen Ihres Unternehmens sowie der externen Chancen und Risiken. Es hilft dabei, Schlüsselbereiche zu identifizieren, auf die Sie sich konzentrieren müssen, um Ihr Unternehmen zu verbessern und auszubauen.

2. **SMART-Ziele (spezifisch, messbar, erreichbar, realistisch, termingerecht definiert):**

   o   SMART-Ziele helfen dabei, klare, erreichbare Ziele für Ihr Unternehmen festzulegen. Dieses Modell stellt sicher, dass jedes Ziel spezifisch, messbar, erreichbar, realistisch und terminiert ist.

3. **Porters Fünf-Kräfte-Modell:**

   o   Dieses Modell analysiert fünf Kräfte, die die Wettbewerbsfähigkeit einer Branche beeinflussen: die Bedrohung durch neue Marktteilnehmer, die Verhandlungsmacht der Lieferanten, die Verhandlungsmacht der Kunden, die Bedrohung durch

Ersatzprodukte oder -dienstleistungen und die Intensität des Wettbewerbs.

4. **Szenariobasierte Planung:**

o   Bei der szenariobasierten Planung geht es darum, verschiedene mögliche Zukunftsszenarien zu erstellen. Dies hilft Unternehmen, verschiedene Möglichkeiten zu prüfen und flexible Strategien zu entwickeln, die sich an unvorhergesehene Veränderungen anpassen können.

5. **McKinsey 7S-Modell:**

o   Dieses Modell untersucht sieben miteinander verbundene Elemente, die eine Organisation ausmachen: Struktur, Strategie, Systeme, Stil, Menschen, Fähigkeiten und gemeinsame Werte. Es wird verwendet, um sicherzustellen, dass alle Aspekte des Unternehmens aufeinander abgestimmt sind und effektiv zusammenarbeiten.

6. **Strategisches Planungsmodell von Ansoff:**

o   Das Ansoff-Modell oder die Wachstumsmatrix hilft Unternehmen bei der Festlegung ihrer Wachstumsstrategie durch die Bewertung von Markt- und Produktoptionen, einschließlich Marktdurchdringung, Marktentwicklung, Produktentwicklung und Diversifizierung.

7. **Strategisches Planungsmodell der Boston Consulting Group (BCG):**

o   Die BCG-Matrix ist ein strategisches Planungstool, das Unternehmen dabei hilft, ihre Produkt- oder Geschäftsbereichsportfolios anhand ihres Marktanteils und ihrer Marktwachstumsrate zu bewerten.

8. **Strategisches Planungsmodell der Balanced Scorecard:**

o   Die Balanced Scorecard ist ein strategisches Management-Framework, das zur Verfolgung und Verwaltung der Unternehmensleistung verwendet wird, indem es sich auf Schlüsselindikatoren aus vier Perspektiven konzentriert: Finanzen, Kunden, interne Prozesse sowie Lernen und Wachstum.

9. **Strategisches Planungsmodell von Blue Ocean:**

o   Das Blue-Ocean-Modell ermutigt Unternehmen, gesättigte Märkte (rote Ozeane) zu verlassen und neue Markträume (blaue Ozeane) zu schaffen, in denen der Wettbewerb weniger intensiv ist.

10. **Strategisches Planungsmodell von PESTEL:**

o   Die PESTEL-Analyse untersucht

die politischen, wirtschaftlichen, sozialen, technologischen, ökologischen und rechtlichen Faktoren, die sich auf ein Unternehmen auswirken können. Es dient dazu, externe Trends zu identifizieren, die Einfluss auf die Unternehmensstrategie haben können.

Jedes dieser Modelle bietet einen einzigartigen Ansatz, um Unternehmen bei der Entwicklung wirksamer Strategien und der Planung für die Zukunft zu unterstützen. Durch ihre Nutzung können Unternehmen ihr Umfeld besser verstehen, Wachstumschancen erkennen und sich auf zukünftige Herausforderungen vorbereiten.

Beispiele für digitale Marketingstrategien

Digitales Marketing ist ein dynamisches und sich ständig weiterentwickelndes Feld. Hier finden Sie Beispiele aus der Praxis für digitale Marketingstrategien, die zur Verbesserung der Sichtbarkeit, des Engagements und der Konversion eingesetzt werden können.

1. **Suchmaschinenoptimierung (SEO):**
   o **Beispiel:** Ein Modeunternehmen implementiert eine umfassende SEO-Strategie, einschließlich Keyword-Recherche, um die am häufigsten gesuchten Begriffe in seiner Branche zu identifizieren, die Optimierung

seiner Website-Inhalte und den Aufbau hochwertiger Links, um sein Ranking in den Suchergebnissen zu verbessern.

2. **Inhaltsvermarktung:**

o   **Beispiel:** Ein Sportartikelhersteller entwickelt einen inhaltsreichen Blog, der Trainingstipps, Produktbewertungen und inspirierende Geschichten von Sportlern bietet. Inhalte werden regelmäßig in sozialen Medien geteilt, um das Engagement zu steigern und den Verkehr auf der Website zu steigern.

3. **Social-Media-Marketing:**

o   **Beispiel:** Ein Technologie-Startup nutzt soziale Medien, um Produktaktualisierungen, Kundenstimmen und Demovideos zu teilen. Sie bindet ihr Publikum auch durch Live-Fragen und -Antworten und Wettbewerbe ein.

4. **Bezahlte Werbung (PPC):**

o   **Beispiel:** Ein lokales Restaurant startet eine bezahlte Werbekampagne auf Google Ads und Facebook, die auf bestimmte Schlüsselwörter und lokale Zielgruppen abzielt, um seine Spezialitäten zu bewerben und die Buchungen zu steigern.

5. **E-Mail Marketing:**

o   **Beispiel:** Ein Online-Buchladen erstellt einen monatlichen Newsletter mit

Buchrezensionen, Autoreninterviews und exklusiven Rabatten. Es segmentiert seine Abonnentenliste, um Leseempfehlungen basierend auf den Interessen jedes Abonnenten zu personalisieren.

6. **Influencer-Marketing:**

o **Beispiel:** Eine Kosmetikmarke arbeitet mit Influencern auf Instagram und YouTube zusammen, um Inhalte rund um ihre Produkte zu erstellen. Influencer teilen ihre Erfahrungen mit den Produkten und bieten ihren Followern Rabattcodes an.

7. **Video-Content-Strategien:**

o **Beispiel:** Ein Fitnessunternehmen erstellt auf YouTube eine Reihe von Videos mit Trainings- und Wellness-Tipps, um ein engagiertes Publikum anzulocken und die Markenbekanntheit zu steigern.

8. **Mobile Optimierung und Anwendungsmarketing:**

o **Beispiel:** Eine Essensliefer-App optimiert ihre Website und App für mobile Geräte und bietet so ein nahtloses Benutzererlebnis. Darüber hinaus werden gezielte Werbekampagnen eingesetzt, um das Herunterladen der Anwendung zu fördern.

9. **Automatisierte Marketingstrategien:**

o **Beispiel:** Ein B2B-Dienstleister

nutzt Automatisierungstools, um Leads zu verfolgen, personalisierte E-Mails basierend auf dem Benutzerverhalten zu versenden und potenzielle Kunden während der gesamten Customer Journey zu pflegen.

10. **Nutzung von Daten und Analysen zur Entscheidungsfindung:**

o **Beispiel:** Ein Online-Händler nutzt Analysetools, um das Nutzerverhalten auf seiner Website zu verfolgen, die beliebtesten Produkte zu identifizieren und seine Lager- und Marketingstrategie entsprechend anzupassen.

Diese Beispiele veranschaulichen, wie unterschiedliche digitale Marketingstrategien in verschiedenen Kontexten angewendet werden können, um bestimmte Ziele zu erreichen, die Kundenbindung zu verbessern und das Geschäftswachstum voranzutreiben.

Influencer-Marketingstrategien

Influencer-Marketing ist eine Schlüsselstrategie in der heutigen digitalen Welt und ermöglicht es Marken, über einflussreiche Persönlichkeiten in den sozialen Medien mit ihrer Zielgruppe in Kontakt zu treten. Hier finden Sie detaillierte Strategien zur Umsetzung eines effektiven Influencer-Marketings.

1. **Identifizierung und Auswahl relevanter**

Influencer:

o **Strategie:** Suchen Sie nach Influencern, deren Zielgruppe mit der Ihrer Marke übereinstimmt. Nutzen Sie Social-Media-Analysetools, um deren Reichweite, Engagement und Relevanz zu bewerten. Bevorzugen Sie Influencer, deren Stil und Werte mit denen Ihrer Marke übereinstimmen.

2. **Aufbau authentischer Beziehungen zu Influencern:**

o **Strategie:** Bauen Sie langfristige Beziehungen zu Influencern auf. Beginnen Sie mit authentischen Interaktionen auf ihren Plattformen, wie dem Kommentieren ihrer Beiträge oder dem Teilen ihrer Inhalte, bevor Sie ihnen eine Partnerschaft anbieten.

3. **Erstellung kollaborativer Inhalte:**

o **Strategie:** Arbeiten Sie mit Influencern zusammen, um Inhalte zu erstellen, die sich natürlich und authentisch anfühlen und ihrem üblichen Stil entsprechen. Der Inhalt sollte seinem Publikum einen Mehrwert bieten und gleichzeitig Ihre Marke auf subtile Weise hervorheben.

4. **Gezielte Kampagnen basierend auf Ereignissen oder Markteinführungen:**

o **Strategie:** Nutzen Sie Influencer-Marketing für bestimmte Kampagnen, wie die Einführung eines neuen Produkts oder ein besonderes Ereignis. Influencer können rund um die Veranstaltung für Aufsehen sorgen und die Aufmerksamkeit auf Ihre Marke lenken.

5. **Verwendung von Promo-Codes und Tracking-Links:**

o   **Strategie:** Stellen Sie Influencern exklusive Promo-Codes oder Tracking-Links zur Verfügung. Dies trägt nicht nur dazu bei, die Wirksamkeit der Kampagne zu messen, sondern bietet auch einen konkreten Anreiz für die Zielgruppe, sich mit Ihrer Marke zu beschäftigen.

6. **Multiplattform-Engagement:**

o   **Strategie:** Beziehen Sie Influencer auf mehreren Plattformen (Instagram, YouTube, TikTok usw.) ein, um die Reichweite zu maximieren. Passen Sie Inhalte an jede Plattform an, um eine bessere Resonanz bei der Zielgruppe zu erzielen.

7. **Leistungsanalyse und -messung:**

o   **Strategie:** Verwenden Sie Analysetools, um die Leistung von Influencer-Marketingkampagnen zu verfolgen. Messen Sie Engagement, Reichweite, generierten Traffic und Conversions, um den ROI zu bewerten und zukünftige Strategien anzupassen.

8. **Influencer-Marketing und CSR (Corporate Social Responsibility):**
- **Strategie:** Integrieren Sie CSR-Initiativen in Ihre Influencer-Marketingkampagnen. Arbeiten Sie mit Influencern an Projekten zusammen, die die Bemühungen Ihrer Marke um Nachhaltigkeit oder soziale Verantwortung hervorheben.

9. **Erzählungen und Geschichtenerzählen:**
- **Strategie:** Ermutigen Sie Influencer, überzeugende Geschichten rund um Ihre Marke zu erzählen. Durch das Geschichtenerzählen kann eine tiefere emotionale Verbindung zum Publikum hergestellt werden.

10. **Innovationen und Trends:**
- **Strategie:** Bleiben Sie über die neuesten Trends im Influencer-Marketing auf dem Laufenden, z. B. durch den Einsatz virtueller Influencer oder die Nutzung neuer Social-Media-Funktionen, um Ihre Kampagnen aktuell und ansprechend zu halten.

Durch die Umsetzung dieser Strategien können Unternehmen die Vorteile des Influencer-Marketings voll ausschöpfen, um die Bekanntheit zu steigern, ihre Zielgruppe anzusprechen und die Conversions zu steigern.

SEO-Strategievorlagen

Suchmaschinenoptimierung (SEO) ist ein entscheidender Bestandteil des digitalen Marketings und hilft Websites, ihre Sichtbarkeit und Suchmaschinen-Rankings zu verbessern. Hier sind einige SEO-Strategievorlagen, die Sie zur Optimierung Ihrer Online-Präsenz übernehmen können.

1. **On-Page-Optimierung:**
   - **Strategie:** Konzentrieren Sie sich auf die Optimierung einzelner Elemente Ihrer Website, wie z. B. Titel, Meta-Beschreibungen, qualitativ hochwertige Inhalte und den strategischen Einsatz von Schlüsselwörtern. Stellen Sie sicher, dass jede Seite für bestimmte, relevante Schlüsselwörter optimiert ist.

2. **Technische Optimierung:**
   - **Strategie:** Verbessern Sie die technischen Aspekte Ihrer Website, um sie für Suchmaschinen zugänglicher zu machen. Dazu gehört die Verbesserung der Website-Geschwindigkeit, die Erstellung einer XML-Sitemap-Datei, die Optimierung von URLs und die Sicherstellung, dass Ihre Website für Mobilgeräte geeignet ist.

3. **Erstellung hochwertiger Inhalte:**
   - **Strategie:** Entwickeln Sie informative, relevante und qualitativ hochwertige Inhalte, die auf die Bedürfnisse

und Fragen Ihrer Zielgruppe eingehen. Nutzen Sie verschiedene Formate wie Blogbeiträge, Videos, Infografiken und Fallstudien.

4. **Linkaufbau:**

o   **Strategie:** Konzentrieren Sie sich auf den Erwerb hochwertiger Backlinks von seriösen Websites. Nutzen Sie Techniken wie das Bloggen von Gästen, die Zusammenarbeit mit anderen Websites und die Erstellung gemeinsam nutzbarer Inhalte, die auf natürliche Weise Links anziehen.

5. **Lokales SEO:**

o   **Strategie:** Wenn Sie ein stationäres Unternehmen oder ein lokales Publikum haben, optimieren Sie Ihre Online-Präsenz für lokale Suchen. Dazu gehört die Erstellung einer Google My Business-Seite, die Optimierung für lokale Schlüsselwörter und das Sammeln von Kundenbewertungen.

6. **Wettbewerbsanalyse:**

o   **Strategie:** Analysieren Sie die SEO-Strategien Ihrer Konkurrenten, um Chancen und Lücken in Ihrer eigenen Strategie zu identifizieren. Verwenden Sie Tools, um die Keywords, für die sie ranken, die Backlinks, die sie erworben haben, und die Leistung ihrer Inhalte zu analysieren.

7. **Optimierung für die Sprachsuche:**

o **Strategie:** Optimieren Sie Ihre Inhalte für die Sprachsuche, indem Sie natürliche Sprache und Schlüsselphrasen in Form von Fragen verwenden. Konzentrieren Sie sich auf Long-Tail-Anfragen und direkte Antworten auf häufig gestellte Fragen.

8. **Leistungsüberwachung und -analyse:**

o **Strategie:** Verwenden Sie Tools wie Google Analytics und die Google Search Console, um die Leistung Ihrer Website zu verfolgen. Analysieren Sie Kennzahlen wie organischen Traffic, Absprungrate und Ranking-Positionen, um Ihre SEO-Strategie anzupassen.

9. **Mobile SEO:**

o **Strategie:** Stellen Sie sicher, dass Ihre Website vollständig für mobile Geräte optimiert ist. Dazu gehören responsives Design, schnelle Ladezeiten und ein reibungsloses mobiles Benutzererlebnis.

10. **Verwendung strukturierter Daten:**

o **Strategie:** Implementieren Sie strukturierte Daten (Schema-Markup), um Suchmaschinen dabei zu helfen, den Inhalt Ihrer Website besser zu verstehen. Dies kann die Anzeige Ihrer Seiten in Suchergebnissen mit Rich Snippets verbessern.

Durch die Umsetzung dieser SEO-Strategien

können Sie die Sichtbarkeit Ihrer Website in Suchmaschinen erheblich verbessern, mehr qualifizierten Traffic anziehen und letztendlich Ihre Conversion-Rate steigern.

Nachhaltige Entwicklungsstrategien

Nachhaltigkeit ist zu einem entscheidenden Aspekt der Geschäftsstrategie geworden, nicht nur wegen ihres positiven Beitrags für Umwelt und Gesellschaft, sondern auch wegen ihrer Fähigkeit, langfristigen Wert für das Unternehmen zu schaffen. Hier finden Sie Nachhaltigkeitsstrategien, die Unternehmen übernehmen können, um verantwortungsvolle Praktiken in ihre Abläufe zu integrieren.

1. **Umweltverträglichkeitsprüfung:**
   o **Strategie:** Führen Sie eine umfassende Umweltverträglichkeitsprüfung Ihres Unternehmens durch. Dazu gehört die Analyse des Energieverbrauchs, der Treibhausgasemissionen, des Wasserverbrauchs und der Abfallwirtschaft. Nutzen Sie diese Daten, um Bereiche mit Verbesserungspotenzial zu identifizieren.

2. **Reduzierung des CO2-Fußabdrucks:**
   o **Strategie:** Maßnahmen umsetzen, um den CO2-Fußabdruck Ihres Unternehmens zu reduzieren. Dazu können die Nutzung

erneuerbarer Energien, die Verbesserung der Energieeffizienz von Gebäuden und Prozessen sowie die Reduzierung von Reisen durch die Förderung von Telearbeit oder nachhaltigen Geschäftsreisen gehören.

3. **Nachhaltiges Ressourcenmanagement:**

o **Strategie:** Einführung nachhaltiger Ressourcenmanagementpraktiken. Dazu kann es gehören, den Verbrauch von Rohstoffen zu reduzieren, Materialien zu recyceln und recycelte oder biologisch abbaubare Produkte zu verwenden.

4. **Verantwortungsvolle Lieferkette:**

o **Strategie:** Stellen Sie sicher, dass Ihre Lieferkette ethisch und nachhaltig ist. Dazu gehört die Auswahl von Lieferanten, die Umwelt- und Sozialstandards einhalten, sowie die Umsetzung verantwortungsvoller Beschaffungsrichtlinien.

5. **Engagement für CSR (Corporate Social Responsibility):**

o **Strategie:** Entwickeln und implementieren Sie CSR-Initiativen, die mit Ihren Unternehmenswerten übereinstimmen. Dazu können Freiwilligenprogramme für Mitarbeiter, Spenden für soziale Zwecke und Partnerschaften mit gemeinnützigen

Organisationen gehören.

6. **Nachhaltige Innovation:**

o   **Strategie:** Fördern Sie nachhaltige Innovationen in Ihrem Unternehmen. Investieren Sie in die Forschung und Entwicklung umweltfreundlicher Produkte und Dienstleistungen und erkunden Sie neue, nachhaltigere Produktionsmethoden.

7. **Kommunikation und Transparenz:**

o   **Strategie:** Kommunizieren Sie Ihre Nachhaltigkeitsverpflichtungen und -erfolge offen. Veröffentlichen Sie Nachhaltigkeitsberichte und nutzen Sie Ihre Kommunikationsplattformen, um auf Ihre Bemühungen aufmerksam zu machen.

8. **Schulung und Sensibilisierung der Mitarbeiter:**

o   **Strategie:** Schulung und Sensibilisierung Ihrer Mitarbeiter für nachhaltige Entwicklungspraktiken. Ermutigen Sie sie zu umweltbewusstem Verhalten bei der Arbeit und in ihrem Privatleben.

9. **Integration nachhaltiger Entwicklung in die Unternehmenskultur:**

o   **Strategie:** Machen Sie Nachhaltigkeit zu einem integralen Bestandteil Ihrer Unternehmenskultur. Dazu kann die Festlegung nachhaltiger interner Richtlinien und die Förderung einer Nachhaltigkeitsmentalität auf allen Ebenen der Organisation gehören.

10. **Zusammenarbeit und Partnerschaften:**

o **Strategie:** Arbeiten Sie mit anderen Unternehmen, Regierungen und Nichtregierungsorganisationen zusammen, um Initiativen für eine nachhaltige Entwicklung zu fördern. Partnerschaften können dazu beitragen, Wissen und Ressourcen zu teilen und eine größere Wirkung zu erzielen.

Durch die Umsetzung dieser Nachhaltigkeitsstrategien können Unternehmen nicht nur einen positiven Beitrag für Umwelt und Gesellschaft leisten, sondern auch ihre Marke stärken, ihre Wettbewerbsfähigkeit verbessern und ihre langfristige Rentabilität sicherstellen.

Strategien zur Kundenpersonalisierung

Kundenpersonalisierung ist eine Schlüsselstrategie zur Verbesserung des Kundenerlebnisses, zur Steigerung der Loyalität und zur Steigerung des Umsatzes. Hier sind Kundenpersonalisierungsstrategien, die Unternehmen anwenden können, um gezieltere und relevantere Erlebnisse zu bieten.

1. **Erhebung und Analyse von Kundendaten:**

o   **Strategie:** Nutzen Sie
Datenanalysetools, um Informationen
über Kundenpräferenzen, Kaufverhalten
und vergangene Interaktionen zu
sammeln. Analysieren Sie diese Daten,
um die spezifischen Bedürfnisse und
Interessen Ihrer Kunden zu verstehen.

2. **Zielgruppensegmentierung:**

o   **Strategie:** Teilen
Sie Ihren Kundenstamm anhand
von Kriterien wie Alter, Geschlecht,
geografischer Standort, Kaufverhalten
und Interessen in Segmente ein. Dadurch
können Sie gezieltere und relevantere
Marketingbotschaften erstellen.

3. **Inhaltspersonalisierung:**

o   **Strategie:** Erstellen Sie personalisierte
Inhalte, die bei verschiedenen
Kundensegmenten Anklang finden.
Dazu können personalisierte E-
Mails, Produktempfehlungen auf Ihrer
Website und auf Benutzerinteressen
zugeschnittene Social-Media-Beiträge
gehören.

4. **Personalisierte Benutzererfahrung auf
der Website:**

o   **Strategie:** Nutzen Sie Technologie, um
das Erlebnis auf Ihrer Website basierend
auf den Präferenzen und dem Verhalten
der Besucher anzupassen. Dazu kann

die Anzeige spezifischer Produkte oder Angebote und die Personalisierung der Website-Navigation gehören.

5. **Gezieltes E-Mail-Marketing:**

o **Strategie:** Versenden Sie personalisierte E-Mails basierend auf Kundenaktionen und -präferenzen. Verwenden Sie Marketing-Automatisierungstools, um relevante Nachrichten zum richtigen Zeitpunkt zu senden, z. B. E-Mails mit abgebrochenen Warenkörben oder Geburtstagsangebote.

6. **Personalisierte Angebote und Werbeaktionen:**

o **Strategie:** Erstellen Sie Angebote und Werbeaktionen, die auf bestimmte Kundensegmente zugeschnitten sind. Dazu können Rabatte auf Produkte gehören, die sie sich angesehen haben, oder Angebote, die auf ihren vorherigen Einkäufen basieren.

7. **Chatbots und personalisierte Unterstützung:**

o **Strategie:** Nutzen Sie Chatbots und virtuelle Assistenten, um personalisierte Hilfe anzubieten. Chatbots können Kundenfragen beantworten, Produkte empfehlen und maßgeschneiderten Support bieten.

8. **Feedback und Zuhören der Kunden:**

o   **Strategie:** Sammeln Sie
regelmäßig Feedback von Ihren Kunden
und nutzen Sie diese Informationen,
um die Personalisierung zu verbessern.
Umfragen, Social-Media-Kommentare
und Kundenrezensionen sind wertvolle
Informationsquellen.

9. **Einsatz Künstlicher Intelligenz:**

o   **Strategie:** Implementieren Sie KI-
Lösungen, um Kundendaten in großem
Maßstab zu analysieren und Erkenntnisse
für die Personalisierung zu gewinnen. KI
kann dabei helfen, Trends und Muster im
Kundenverhalten zu erkennen.

10. **Konsistente Omnichannel-Erlebnisse:**

o   **Strategie:** Sorgen Sie für ein
einheitliches Erlebnis auf allen Kanälen –
online und offline. Personalisierung sollte
in die Website, mobile Anwendungen,
Interaktionen im Geschäft und
Marketingkampagnen integriert werden.

Durch die Einführung dieser
Kundenpersonalisierungsstrategien können
Unternehmen ansprechendere und relevantere
Erlebnisse für ihre Kunden schaffen, was zu mehr
Kundenzufriedenheit, Loyalität und Verkäufen
führen kann.

Programmatische Werbestrategien

Programmatische Werbung nutzt automatisierte

Plattformen, um Werbeflächen online zu kaufen und zu verkaufen, sodass Werbetreibende ihre Zielgruppen präziser und effizienter ansprechen können. Hier finden Sie wichtige Strategien zur Optimierung Ihrer programmatischen Werbekampagnen.

1. **Verständnis programmatischer Plattformen:**

o **Strategie:** Machen Sie sich mit verschiedenen programmatischen Plattformen vertraut, darunter DSPs (Demand-Side-Plattformen), SSPs (Supply-Side-Plattformen) und Anzeigenbörsen. Für die Optimierung Ihrer Kampagnen ist es wichtig zu verstehen, wie diese Plattformen funktionieren.

2. **Präzise Zielgruppenansprache:**

o **Strategie:** Nutzen Sie demografische, Verhaltens- und Kontextdaten, um Ihre Zielgruppe präzise anzusprechen. Das Targeting kann Alter, Geschlecht, Interessen, Surfverhalten und geografischen Standort umfassen.

3. **Echtzeitoptimierung:**

o **Strategie:** Nutzen Sie die Möglichkeiten von Programmatic Advertising, um Kampagnen in Echtzeit zu optimieren. Nutzen Sie Datenanalysen, um Ihre Gebote, Ihr Targeting und Ihre Anzeigengestaltung basierend auf der

Leistung anzupassen.

4. **Nutzung der Data Management Platform (DMP):**

o   **Strategie:** Integrieren Sie ein DMP, um Ihre Zielgruppendaten zu zentralisieren und zu verwalten. Dadurch können Sie präzisere Zielgruppensegmente erstellen und die Ausrichtung Ihrer Kampagnen verbessern.

5. **Dynamische Kreativität:**

o   **Strategie:** Verwenden Sie dynamische Anzeigen, um Anzeigeninhalte basierend auf dem Benutzer zu personalisieren. Dies kann das Ändern von Bildern, Nachrichten und Handlungsaufforderungen basierend auf Benutzerdaten umfassen.

6. **Multiplattform-Integration:**

o   **Strategie:** Stellen Sie sicher, dass Ihre programmatischen Kampagnen auf mehreren Plattformen und Geräten integriert sind. Dazu gehören Desktop-, Mobil-, Tablet- und sogar vernetzte TV-Plattformen.

7. **Respekt für Vertraulichkeit und Compliance:**

o   **Strategie:** Seien Sie sich der Datenschutzgesetze und -vorschriften wie der DSGVO bewusst. Stellen Sie sicher, dass Ihre Datenerfassungs- und -

nutzungspraktiken konform sind.

8. **Analyse und Berichterstattung:**

o   **Strategie:** Verwenden Sie Analysetools, um die Leistung Ihrer Kampagne zu verfolgen. Analysieren Sie Kennzahlen wie CTR (Click-Through-Rate), Conversion-Rate und ROI, um die Wirksamkeit Ihrer Kampagnen zu bewerten.

9. **A/B-Tests und Experimente:**

o   **Strategie:** Führen Sie A/B-Tests für verschiedene Elemente Ihrer Kampagnen durch, wie zum Beispiel visuelle Elemente, Anzeigentexte und Handlungsaufforderungen, um herauszufinden, was bei Ihrer Zielgruppe am besten ankommt.

10. **Strategische Partnerschaft:**

o   **Strategie:** Bauen Sie strategische Partnerschaften mit Publishern oder Werbenetzwerken auf, um auf hochwertiges Anzeigeninventar und spezifische Zielgruppen zuzugreifen.

Durch die Umsetzung dieser Strategien können Werbetreibende die Effektivität ihrer programmatischen Werbekampagnen maximieren, ihre Zielgruppen präziser erreichen und den ROI ihrer Werbemaßnahmen verbessern.

Beispiele für mobile Marketingstrategien und -

anwendungen

Mobiles Marketing und Apps sind leistungsstarke Tools, um Kunden in einer zunehmend vernetzten Welt zu erreichen und zu binden. Hier finden Sie Beispiele aus der Praxis für Mobil- und App-Marketingstrategien, mit denen Unternehmen das Engagement verbessern und den Umsatz steigern können.

1. **Optimierung für mobile Geräte:**

   o **Beispiel:** Ein Online-Bekleidungsgeschäft optimiert seine Website für mobile Geräte und sorgt so für eine reibungslose Navigation, schnelle Ladezeiten und ein einfaches Einkaufserlebnis auf Smartphones und Tablets.

2. **Spezielle mobile Anwendung:**

   o **Beispiel:** Ein Supermarkt entwickelt eine mobile App, mit der Kunden online einkaufen, Benachrichtigungen über Sonderangebote erhalten und Produkte im Geschäft nach zusätzlichen Informationen scannen können.

3. **Marketing per SMS und MMS:**

   o **Beispiel:** Ein Friseursalon sendet Terminerinnerungen per SMS und Werbeangebote per MMS an seine Kunden und erhöht so die Bindungs- und Antwortraten.

4. **Gezielte mobile Werbung:**

o   **Beispiel:** Ein Restaurant nutzt gezielte mobile Anzeigen auf Plattformen wie Google und Facebook, um lokale Kunden mit Sonderangeboten und Tagesmenüs zu erreichen.

5. **Augmented Reality (AR)-Kampagnen:**

o   **Beispiel:** Eine Kosmetikmarke erstellt in ihrer App eine AR-Kampagne, die es Nutzern ermöglicht, verschiedene Make-up-Produkte vor dem Kauf virtuell anzuprobieren.

6. **In-App-Treueprogramme:**

o   **Beispiel:** Eine Kaffeekette bietet in ihrer App ein Treueprogramm an, bei dem Kunden für jeden über die App getätigten Einkauf Punkte sammeln und Prämien erhalten können.

7. **Personalisierte   Push-Benachrichtigungen:**

o   **Beispiel:** Eine Fitness-App sendet personalisierte Push-Benachrichtigungen, um Benutzer zu ermutigen, ihre täglichen Gesundheits- und Fitnessziele zu erreichen.

8. **Social-Media-Integration:**

o   **Beispiel:** Eine Reise-App enthält Social-Media-Sharing-Funktionen, die es Benutzern ermöglichen, ihre Reiseerlebnisse und Reiserouten einfach mit ihren Freunden zu teilen.

9. **Einsatz Künstlicher Intelligenz (KI):**
   o   **Beispiel:** Eine Kundendienstanwendung nutzt KI, um einen interaktiven Chatbot anzubieten, der Kundenfragen beantwortet und Echtzeitunterstützung bietet.

10. **Marketingstrategien für mobile Influencer:**
    o   **Beispiel:** Eine Modemarke arbeitet mit Influencern auf Instagram zusammen, um ihre mobile App zu bewerben, indem sie gesponserte Beiträge und Geschichten nutzt, um Benutzer für die App zu gewinnen.

Durch die Umsetzung dieser Strategien können Unternehmen die Möglichkeiten des Mobil- und App-Marketings voll ausschöpfen, um ihre Zielgruppe zu erreichen, die Kundenbindung zu verbessern und den Umsatz zu steigern.

Strategien für das Kundenbeziehungsmanagement (CRM).

Customer Relationship Management (CRM) ist für den Aufbau und die Pflege starker Kundenbeziehungen unerlässlich. Hier finden Sie effektive CRM-Strategien, die Unternehmen anwenden können, um die Kundenbindung, -bindung und das Umsatzwachstum zu verbessern.

1. **Zentralisierung von Kundendaten:**

o   **Strategie:** Nutzen Sie ein CRM-System, um alle Kundeninformationen zu zentralisieren, einschließlich vergangener Interaktionen, Präferenzen, Kaufdaten und Feedback. Dies ermöglicht eine vollständige Sicht auf den Kunden für einen personalisierten Service.

2. **Kundensegmentierung:**

o   **Strategie:** Segmentieren Sie Ihren Kundenstamm im CRM anhand verschiedener Kriterien wie Kaufverhalten, Präferenzen, Standort und Einkommensniveau. Die Segmentierung trägt dazu bei, Kommunikation und Angebote gezielter auszurichten.

3. **Automatisierung von Vertriebs- und Marketingprozessen:**

o   **Strategie:** Automatisieren Sie sich wiederholende Prozesse wie Folge-E-Mails, Verlängerungsbenachrichtigungen und Marketingkampagnen. Automatisierung spart Zeit und sorgt für eine konsistente Kommunikation.

4. **Personalisierung der Kommunikation:**

o   **Strategie:** Nutzen Sie CRM-Daten, um Ihre Interaktionen mit Kunden zu personalisieren. Personalisierte E-Mails, Produktempfehlungen und Sonderangebote können die

Kundenbindung und -zufriedenheit steigern.

5. **Überwachung und Analyse von Kundeninteraktionen:**

o **Strategie:** Verfolgen und analysieren Sie alle Kundeninteraktionen über das CRM, um deren Bedürfnisse und Verhaltensweisen zu verstehen. Nutzen Sie diese Erkenntnisse, um Produkte, Dienstleistungen und Kundenerlebnisse zu verbessern.

6. **Kundenfeedback-Management:**

o **Strategie:** Nutzen Sie CRM, um Kundenfeedback zu sammeln und zu verwalten. Reagieren Sie aktiv auf Kommentare und nutzen Sie Feedback, um Produkte und Dienstleistungen zu verbessern.

7. **Integration von Kommunikationskanälen:**

o **Strategie:** Integrieren Sie verschiedene Kommunikationskanäle wie E-Mail, soziale Medien, Telefonanrufe und Live-Chat in Ihr CRM. Dies gewährleistet ein konsistentes und integriertes Kundenerlebnis.

8. **Schulung und Sensibilisierung der Mitarbeiter:**

o **Strategie:** Schulen Sie Ihre Mitarbeiter im effektiven Einsatz von

CRM. Stellen Sie sicher, dass sie verstehen, wie wichtig es ist, Daten genau zu erfassen und Erkenntnisse zur Verbesserung der Kundeninteraktion zu nutzen.

9. **Entwicklung von Treueprogrammen:**

o **Strategie:** Nutzen Sie CRM, um Treueprogramme zu entwickeln und zu verwalten. Bieten Sie Prämien und Vorteile basierend auf der Kaufhistorie und dem Engagement des Kunden an, um die Loyalität zu fördern.

10. **Umsatzprognose und -analyse:**

o **Strategie:** Nutzen Sie CRM-Daten und Analysetools, um Verkaufstrends vorherzusagen und Strategien entsprechend anzupassen. Dies kann dabei helfen, Verkaufschancen zu erkennen und Marketingbemühungen zu optimieren.

Durch die Einführung dieser CRM-Strategien können Unternehmen nicht nur ihre Kundenbeziehungen verbessern, sondern auch die Effizienz ihrer Vertriebs- und Marketingteams steigern, was zu nachhaltigem Geschäftswachstum führt.

Beispiele für Content-Strategien

Eine effektive Content-Strategie ist unerlässlich, um das Publikum anzusprechen, die Markenbekanntheit aufzubauen und die SEO zu verbessern. Hier finden Sie Beispiele aus der Praxis für Content-Strategien, mit denen Unternehmen ihre Marketingziele erreichen können.

1. **Blogs und Feature-Artikel:**

o **Beispiel:** Ein Technologieunternehmen erstellt einen regelmäßig aktualisierten Blog mit ausführlichen Artikeln zu den neuesten Technologietrends, Tutorials und Fallstudien. Dies etabliert die Marke als Autorität auf ihrem Gebiet und verbessert ihre SEO.

2. **Lehr- und Demonstrationsvideos:**

o **Beispiel:** Eine Kochmarke produziert Rezeptvideos und Produktdemonstrationen, die auf YouTube geteilt und auf ihrer Website eingebettet werden. Diese Videos helfen dabei, das Publikum visuell anzusprechen und Produkte in Aktion zu zeigen.

3. **Infografiken und visuelle Inhalte:**

o **Beispiel:** Ein Reisebüro erstellt ansprechende Infografiken über beliebte Reiseziele und bietet Reisetipps und interessante Fakten. Diese Infografiken werden in sozialen Medien geteilt, um das Engagement und die Reichweite zu steigern.

4. **Podcasts und Interviews:**

o **Beispiel:** Ein Beratungsunternehmen startet einen Podcast, in dem es Vordenker und Branchenexperten interviewt. Dadurch können Sie wertvolle Erkenntnisse teilen und gleichzeitig die Sichtbarkeit Ihrer Marke erhöhen.

5. **Fallstudien und Kundenstimmen:**

o **Beispiel:** Ein Softwareunternehmen veröffentlicht detaillierte Fallstudien und Erfahrungsberichte zufriedener Kunden auf seiner Website, um die Wirksamkeit seiner Produkte zu demonstrieren und Vertrauen bei potenziellen Kunden aufzubauen.

6. **E-Books und Ratgeber:**

o **Beispiel:** Ein Fitnessunternehmen bietet im Austausch für die E-Mail-Adressen der Besucher kostenlose E-Books zu Ernährung und Training an und treibt damit seine E-Mail-Marketingstrategie voran.

7. **Interaktiver Inhalt:**

o **Beispiel:** Eine Website für persönliche Finanzen erstellt interaktive Rechner und Tests, um Benutzern bei der Verwaltung ihres Budgets und ihrer Investitionen zu helfen und so das Engagement und die auf der Website verbrachte Zeit zu erhöhen.

8. **Gast-Blogging-Artikel:**

o **Beispiel:** Ein Marketingberater schreibt Gastbeiträge für beliebte Branchenblogs, teilt sein Fachwissen und steigert den

Traffic auf seine persönliche Website.

9. **Personalisierte Newsletter:**

o **Beispiel:** Ein Online-Shop versendet personalisierte Newsletter mit Produktempfehlungen basierend auf Kundenpräferenzen und Kaufhistorie.

10. **Saisonale und thematische Inhalte:**

o **Beispiel:** Eine Bekleidungsmarke erstellt und teilt Inhalte rund um Feiertage und Jahreszeiten, etwa Styleguides für den Sommer oder Geschenkideen für die Feiertage.

Durch die Umsetzung dieser Content-Strategien können Unternehmen nicht nur die Aufmerksamkeit ihrer Zielgruppe gewinnen und halten, sondern auch ihre Marktpositionierung stärken und ihre Online-Performance verbessern.

Zukünftige Trends und Prognosen

Entwicklung des digitalen Marketings

1. **Einführung :**

o Das digitale Marketing hat in den letzten Jahrzehnten eine rasante Entwicklung durchgemacht, die durch technologische Fortschritte, Veränderungen im Verbraucherverhalten und die Entstehung neuer Kommunikationskanäle beeinflusst wurde. In diesem Abschnitt werden aktuelle Trends untersucht und die Zukunft des digitalen Marketings prognostiziert.

2. **Integration künstlicher Intelligenz:**

o KI verändert das digitale Marketing, indem sie eine tiefere Personalisierung, vorausschauende Analyse von Verbrauchertrends und die Automatisierung von Marketingaufgaben ermöglicht. Chatbots, personalisierte Empfehlungen und Kampagnenoptimierung in Echtzeit sind Beispiele für den Einsatz von KI.

3. **Erhöhte Datennutzung:**

o Daten spielen im modernen digitalen Marketing eine zentrale Rolle. Mithilfe von Big-Data-Analysen können Unternehmen ihre Kunden besser verstehen und ihre Marketingstrategien optimieren, um effektivere Ergebnisse zu erzielen.

4. **Omnichannel-Marketing:**

o Der Omnichannel-Ansatz, der ein konsistentes Kundenerlebnis über mehrere Plattformen und Touchpoints hinweg bietet, wird zur Norm. Diese Strategie ermöglicht eine nahtlose Interaktion mit Kunden, egal ob online, mobil oder im Geschäft.

5. **Augmented Reality und Virtual Reality:**

o   AR und VR bieten immersive und interaktive Erlebnisse und eröffnen neue Wege für das digitale Marketing. Marken können diese Technologien für virtuelle Produkttests, immersive Markenerlebnisse und interaktive Werbung nutzen.

6. **Videomarketing und Live-Streaming:**

o   Videoinhalte dominieren weiterhin und Live-Streaming erfreut sich immer größerer Beliebtheit. Videos bieten eine ansprechende Möglichkeit, Markengeschichten zu erzählen und auf einer persönlicheren Basis mit dem Publikum in Kontakt zu treten.

7. **Wachsende Bedeutung von Voice SEO:**

o   Da Sprachassistenten immer beliebter werden, wird Sprach-SEO immer wichtiger. Die Optimierung von Inhalten für die Sprachsuche erfordert einen anderen Ansatz, der sich auf mehr Konversationsphrasen und direkte Fragen konzentriert.

8. **Datengeheimnis und Vorschriften:**

o   Wachsende Bedenken hinsichtlich des Datenschutzes und Vorschriften wie der DSGVO beeinflussen das digitale Marketing. Unternehmen müssen bei der Erhebung und Nutzung von Daten transparent sein und dabei die

Privatsphäre der Nutzer respektieren.

9. **Entwicklung sozialer Netzwerke:**

o   Social-Media-Plattformen entwickeln sich ständig weiter, mit neuen Funktionen und Algorithmen. Marken müssen sich schnell an diese Veränderungen anpassen, um Engagement und Reichweite aufrechtzuerhalten.

10. **Abschluss :**

o   Die Zukunft des digitalen Marketings wird durch die weitere Integration fortschrittlicher Technologien, einen Fokus auf personalisierte Benutzererfahrungen und eine kontinuierliche Anpassung an die schnellen Veränderungen in der digitalen Landschaft gekennzeichnet sein. Unternehmen, die diese Entwicklungen annehmen, werden besser aufgestellt sein, um in einem zunehmend digitalisierten Umfeld erfolgreich zu sein.

Zukunft des elektronischen Handels

1. **Einführung :**

o   Der E-Commerce entwickelt sich ständig weiter, angetrieben durch technologische Innovationen, veränderte Verbrauchergewohnheiten und wachsende Kundenerwartungen. In diesem Abschnitt werden neue Trends und Prognosen für die Zukunft des E-Commerce untersucht.

2. **Erweiterte Anpassung:**

o Durch den Einsatz von künstlicher Intelligenz und maschinellem Lernen wird die Personalisierung noch ausgefeilter. E-Commerce-Websites werden in der Lage sein, maßgeschneiderte Einkaufserlebnisse zu bieten und Produkte auf der Grundlage individueller Vorlieben, Kaufhistorie und Surfverhalten zu empfehlen.

3. **Integration von Augmented Reality:**

o Augmented Reality (AR) wird das Online-Einkaufserlebnis verändern, indem es Kunden ermöglicht, Produkte in ihrer eigenen Umgebung anzusehen, bevor sie einen Kauf tätigen. Dies wird dazu beitragen, Unsicherheiten zu reduzieren und die Kundenzufriedenheit zu erhöhen.

4. **Voice Commerce und Smart Assistants:**

o Mit der wachsenden Beliebtheit von Sprachassistenten wird Voice Commerce zu einem wichtigen Weg für das Online-Shopping. Verbraucher können Einkäufe einfach per Stimme tätigen, was das Einkaufserlebnis bequemer und zugänglicher macht.

5. **Vereinfachte und sichere Zahlungen:**

o Zahlungstechnologien werden

sich weiterentwickeln, um schnellere, sicherere und bequemere Transaktionen zu ermöglichen. Kontaktloses Bezahlen, digitale Geldbörsen und Kryptowährungen werden immer beliebter und bieten den Verbrauchern mehr Optionen und mehr Sicherheit.

6. **Innovative Logistik und Lieferung:**

o   Fortschritte in Logistik und Lieferung, wie Drohnen und autonome Fahrzeuge, werden die Art und Weise der Produktlieferung revolutionieren. Die Lieferung am selben Tag oder sogar innerhalb einer Stunde könnte für viele Online-Händler zur Norm werden.

7. **Nachhaltigkeit und ethischer Handel:**

o   Nachhaltigkeit wird zu einem entscheidenden Aspekt des E-Commerce werden. Verbraucher erwarten ethische und umweltfreundliche Geschäftspraktiken, die Unternehmen dazu bewegen, nachhaltige Verpackungen, transparente Lieferketten und umweltfreundliche Produkte einzuführen.

8. **Omnichannel-Erlebnis:**

o   Das Omnichannel-Einkaufserlebnis, das ein konsistentes Kundenerlebnis über mehrere Kanäle (online, mobil, im Geschäft) bietet, wird von entscheidender

Bedeutung sein. Technologien wie Beacons und interaktive In-Store-Displays werden Online-Erlebnisse weiter integrieren

o   und offline.

9. **Datenanalyse   und Entscheidungsfindung:**

o   Datenanalysen werden im E-Commerce eine noch größere Rolle spielen. Erkenntnisse aus Daten werden Unternehmen dabei helfen, fundierte Entscheidungen zu treffen, Abläufe zu optimieren und das Kundenerlebnis zu verbessern.

10. **Abschluss :**

o   Die Zukunft des E-Commerce wird von kontinuierlicher Innovation, zunehmender Personalisierung, fortschrittlicher Technologieintegration und einem wachsenden Engagement für Nachhaltigkeit geprägt sein. Unternehmen, die sich schnell an diese Veränderungen anpassen, sind besser positioniert, um in einem sich schnell verändernden Markt erfolgreich zu sein.

Entwicklungen in der künstlichen Intelligenz

1. **Einführung :**

o   Künstliche Intelligenz (KI)
definiert viele Branchen neu, darunter
Marketing, E-Commerce, Fertigung und
Dienstleistungen. In diesem Abschnitt
werden die jüngsten Entwicklungen in der
KI und ihre möglichen Auswirkungen auf
verschiedene Branchen untersucht.

2. **Prozessautomatisierung   und   -**
   optimierung:

o   KI ermöglicht die Automatisierung
wiederkehrender Aufgaben und die
Optimierung von Geschäftsprozessen. In
Zukunft können wir damit rechnen,
dass KI-Systeme komplexe Funktionen
unterstützen, die Effizienz verbessern und
die Betriebskosten senken.

3. **Personalisierung von Marketing und**
   Werbung:

o   KI-Technologien werden zunehmend
zur Personalisierung von Marketing- und
Werbeerlebnissen eingesetzt. Sie helfen
dabei, Verbraucherdaten in Echtzeit
zu analysieren und Werbebotschaften
an individuelle Vorlieben anzupassen
und so das Engagement und die
Kampagneneffektivität zu verbessern.

4. **Prognosen und prädiktive Analysen:**

o   KI spielt eine
entscheidende Rolle in der prädiktiven
Analyse und hilft Unternehmen

dabei, Markttrends, Verbraucherverhalten und potenzielle Risiken vorherzusagen. Diese Fähigkeit zur Vorhersage hilft Unternehmen, proaktive und strategische Entscheidungen zu treffen.

5. **Verbessertes Kundenerlebnis:**

o   KI wird eingesetzt, um das Kundenerlebnis durch intelligente Chatbots, virtuelle Assistenten und personalisierte Empfehlungen zu verbessern. Diese Technologien bieten einen schnellen und personalisierten Kundenservice und erhöhen die Kundenzufriedenheit und -treue.

6. **Entwicklungen im maschinellen Lernen:**

o   Maschinelles Lernen, ein Zweig der KI, entwickelt sich ständig weiter und ermöglicht es Maschinen, zu lernen und sich anzupassen, ohne explizit programmiert zu werden. Dies eröffnet Möglichkeiten für intuitivere und intelligentere Anwendungen in verschiedenen Bereichen.

7. **Auswirkungen auf die Entscheidungsfindung:**

o   KI bietet tiefe Einblicke und Datenanalysen, die Führungskräften helfen, fundiertere Entscheidungen zu treffen. Künftig könnte KI eine größere Rolle bei der strategischen Entscheidungsfindung in Organisationen spielen.

8. Sicherheit und Vertraulichkeit:

o   Mit der zunehmenden Nutzung von KI gewinnen Fragen der Datensicherheit und des Datenschutzes an Bedeutung. Zukünftige Entwicklungen in der KI müssen sich mit diesen Bedenken befassen und den Datenschutz und die Einhaltung gesetzlicher Vorschriften gewährleisten.

9. Intersektorale Integration:

o   KI findet in immer mehr Sektoren Anwendung, vom Gesundheitswesen über Finanzen und Bildung bis hin zum Transportwesen. Diese branchenübergreifende Integration von KI wird Innovationen und die Schaffung neuer Geschäftsmöglichkeiten vorantreiben.

10. Abschluss :

o   Entwicklungen in der KI versprechen, die Landschaft von Wirtschaft und Gesellschaft radikal zu verändern. Unternehmen, die diese Technologien nutzen und integrieren, sind besser gerüstet, um künftigen Herausforderungen zu begegnen und neue Chancen in einer zunehmend von Daten und künstlicher Intelligenz geprägten Welt zu nutzen.

Trends in den sozialen Medien

1. **Einführung :**
   - Soziale Medien entwickeln sich weiterhin rasant weiter und beeinflussen maßgeblich die Art und Weise, wie Marken mit ihrem Publikum interagieren. In diesem Abschnitt werden aktuelle und zukünftige Social-Media-Trends und ihre Auswirkungen auf Marketing und Kommunikation untersucht.

2. **Erhöhtes Video-Engagement:**
   - Videos, insbesondere Kurzformate und Geschichten, erfreuen sich auf sozialen Plattformen zunehmender Beliebtheit. Marken nutzen zunehmend Videoinhalte, um ihr Publikum auf kreative und dynamische Weise anzusprechen.

3. **Aufstieg der Mikro-Influencer:**
   - Mikro-Influencer mit ihrem kleineren, aber sehr engagierten Publikum werden für Marken immer beliebter. Sie bieten eine höhere Authentizität und ein höheres Maß an Vertrauen im Vergleich zu Influencern mit großem Publikum.

4. **Social Commerce und integrierter Einkauf:**
   - Social-Media-Plattformen

integrieren zunehmend E-Commerce-Funktionen, sodass Benutzer Produkte direkt über Beiträge und Storys kaufen können. Dieser Trend verändert die Art und Weise, wie Verbraucher Produkte entdecken und kaufen.

5. **Einsatz von Augmented Reality:**

o   Augmented Reality (AR) in sozialen Medien, insbesondere durch Filter und interaktive Erlebnisse, bietet Marken neue Möglichkeiten, den Nutzern immersive und unvergessliche Erlebnisse zu bieten.

6. **Erhöhte Bedeutung von Authentizität:**

o   Verbraucher suchen nach Authentizität bei den Marken, denen sie in den sozialen Medien folgen. Inhalte, die echte Geschichten, Markenwerte und erhöhte Transparenz widerspiegeln, werden immer beliebter.

7. **Engagement durch benutzergenerierte Inhalte:**

o   Benutzergenerierte Inhalte (UGC) sind nach wie vor ein leistungsstarkes Tool für Marken in sozialen Medien. Kunden zu ermutigen, ihre eigenen Inhalte zu teilen, schafft Engagement und Vertrauen.

8. **Fokus auf soziale Verantwortung:**

o   Marken nutzen soziale Medien, um ihr Engagement für soziale und ökologische Belange hervorzuheben. Dieser Trend spiegelt ein wachsendes Bewusstsein für die soziale Verantwortung von Unternehmen wider.

9. **Entwicklung von Algorithmen:**

o   Ständige Veränderungen in den Algorithmen sozialer Plattformen erfordern eine schnelle Anpassung von Marken, um Sichtbarkeit und Engagement aufrechtzuerhalten. Das Verstehen und Anpassen dieser Algorithmen ist entscheidend für den Erfolg.

10. **Integration von Chatbots und KI:**

o   Die Integration von Chatbots und künstlicher Intelligenz für den Kundenservice und die personalisierte Interaktion wird immer häufiger. Diese Technologien ermöglichen eine schnelle und personalisierte Interaktion im großen Maßstab.

11. **Abschluss :**

o   Aktuelle Trends in den sozialen Medien deuten auf einen Wandel hin zu mehr Interaktivität, Authentizität und technologischer Integration hin. Marken, die sich an diese Trends anpassen und sie in ihre Social-Media-Strategien integrieren, werden besser in der Lage sein, ihr Publikum anzusprechen und ihre Online-Präsenz aufzubauen.

Zukunft der programmatischen Werbung

1. Einführung :

o   Programmatische Werbung, die Algorithmen und automatisierte Technologien zum Kauf und Verkauf von Werbeflächen nutzt, verändert die digitale Werbelandschaft. In diesem Abschnitt werden zukünftige Trends und erwartete Entwicklungen in diesem Bereich untersucht.

2. Verstärkte Integration von KI und maschinellem Lernen:

o   Künstliche Intelligenz (KI) und maschinelles Lernen werden im Programmatic Advertising eine immer zentralere Rolle spielen. Diese Technologien ermöglichen eine präzisere Optimierung von Kampagnen, eine bessere Zielgruppenansprache und eine Echtzeitanalyse der Werbeleistung.

3. Omnichannel-Werbung:

o   Programmatische Werbung wird über die traditionellen digitalen Plattformen hinaus auf vernetztes Fernsehen, digitale Werbetafeln und andere Kanäle ausgeweitet. Dieser Omnichannel-Ansatz bietet Werbetreibenden eine größere

Reichweite und eine höhere Konsistenz ihrer Werbekampagnen.

4. **Datentransparenz und Vertraulichkeit:**

o Angesichts der zunehmenden Bedenken hinsichtlich des Datenschutzes wird Transparenz zu einem entscheidenden Aspekt der programmatischen Werbung. Werbetreibende und Plattformen müssen den Schutz der Benutzerdaten gewährleisten und gleichzeitig die Transparenz bei Targeting- und Messprozessen wahren.

5. **Erhöhte Automatisierung und Effizienz:**

o Die Automatisierung in der programmatischen Werbung wird sich verbessern und es Werbetreibenden ermöglichen, Kampagnen effizienter zu starten und zu verwalten. Dazu gehört die Automatisierung der Inhaltserstellung, des Kaufs von Werbeflächen und der Kampagnenoptimierung.

6. **Groß angelegte Individualisierung:**

o Die Möglichkeiten zur großflächigen Personalisierung von Werbebotschaften werden gestärkt. Werbetreibende können hochgradig personalisierte Anzeigen erstellen, die bei bestimmten Zielgruppensegmenten Anklang finden und so das Engagement und die Relevanz verbessern.

7. **Auswirkungen von 5G und neuen Technologien:**

o Die Einführung von 5G und anderen fortschrittlichen Technologien wird neue Möglichkeiten für programmatische Werbung eröffnen, insbesondere im Hinblick auf die Geschwindigkeit beim Laden von Anzeigen, die Qualität des Anzeigenformats und interaktive Erlebnisse.

8. **Entwicklung der Werbeformate:**

o Werbeformate werden sich weiterentwickeln, wobei immersive und interaktive Anzeigen wie Augmented Reality und Virtual Reality zunehmen und den Nutzern ansprechendere Erlebnisse bieten.

9. **Regulatorische Herausforderungen und Chancen:**

o Änderungen in der Regulierung, wie z. B. Datenschutzgesetze, werden sowohl Herausforderungen als auch Chancen für programmatische Werbung mit sich bringen. Die Marktteilnehmer müssen sich an diese Veränderungen anpassen und gleichzeitig neue Innovationsmöglichkeiten nutzen.

10. **Abschluss :**

o Die Zukunft der programmatischen Werbung ist rosig, mit

technologischen Fortschritten, die die Art und Weise, wie Anzeigen zielgerichtet, bereitgestellt und gemessen werden, weiter verändern werden. Unternehmen, die diese Veränderungen annehmen und sich schnell anpassen, werden besser in der Lage sein, die Chancen zu nutzen, die diese rasante Entwicklung auf dem Werbemarkt bietet.

Innovationen im UX/UI-Design

1. **Einführung:**

o UX/UI-Design ist ein sich ständig weiterentwickelndes Feld, das durch technologische Fortschritte und Veränderungen im Benutzerverhalten geprägt ist. In diesem Abschnitt werden aktuelle und zukünftige Innovationen im UX/UI-Design und ihre Auswirkungen auf die Erstellung digitaler Produkte untersucht.

2. **Benutzerzentriertes Design:**

o Der benutzerzentrierte Ansatz bleibt das Herzstück des UX/UI-Designs. Designer werden weiterhin intuitive Benutzeroberflächen und Benutzererlebnisse erstellen, die auf einem tiefen Verständnis der Bedürfnisse, Wünsche und Verhaltensweisen der Benutzer basieren.

3. Integration von KI und maschinellem Lernen:

o   Künstliche Intelligenz und maschinelles Lernen werden das UX/UI-Design verändern, indem sie intelligentere und anpassungsfähigere Schnittstellen ermöglichen. Diese Technologien ermöglichen die Schaffung personalisierter Erlebnisse in Echtzeit, basierend auf Benutzerinteraktionen und -präferenzen.

4. Design für faltbare und flexible Bildschirme:

o   Mit dem Aufkommen faltbarer und flexibler Bildschirme müssen UX/UI-Designer innovativ sein, um flüssige und konsistente Erlebnisse auf diesen neuen Formaten zu schaffen. Dazu gehört die Gestaltung von Schnittstellen, die sich dynamisch an unterschiedliche Bildschirmkonfigurationen anpassen.

5. Augmented Reality und Virtual Reality:

o   AR und VR werden neue Möglichkeiten für das UX/UI-Design bieten. Designer werden Möglichkeiten erkunden, immersive und interaktive Erlebnisse zu schaffen und reale Elemente mit angereicherten digitalen Informationen zu integrieren.

6. Sprachdesign und

Konversationsschnittstellen:

o   Die Gestaltung von Sprach- und Konversationsschnittstellen wird an Bedeutung gewinnen. UX/UI-Designer werden an Benutzererlebnissen arbeiten, bei denen Sprache und natürlicher Dialog eine zentrale Rolle spielen, insbesondere in Anwendungen für Sprachassistenten und Chatbots.

7. **Zugänglichkeit und Inklusivität:**

o   Zugänglichkeit und Inklusivität bleiben wesentliche Aspekte des UX/UI-Designs. Designer werden bestrebt sein, digitale Produkte zu schaffen, die für jedermann zugänglich sind und dabei die unterschiedlichen Fähigkeiten und Bedürfnisse der Benutzer berücksichtigen.

8. **Mikrointeraktionen und Animationen:**

o   Mikrointeraktionen und anspruchsvolle Animationen werden das Benutzererlebnis weiterhin bereichern. Diese subtilen, aber leistungsstarken Elemente verbessern das Engagement und helfen dabei, Benutzer auf intuitive Weise durch die Benutzeroberflächen zu führen.

9. **Ethisches und verantwortungsvolles Design:**

o   Ethisches und verantwortungsvolles Design wird ein immer wichtigeres Thema werden. UX/

UI-Designer berücksichtigen die sozialen und ökologischen Auswirkungen ihrer Kreationen und stellen sicher, dass sie verantwortungsvolle und nachhaltige Praktiken fördern.

10. **Abschluss :**

o   Innovationen im UX/UI-Design werden eine entscheidende Rolle bei der Gestaltung der Zukunft digitaler Produkte spielen. Indem UX/UI-Designer an der Spitze der Technologietrends bleiben und sich auf die Bedürfnisse der Benutzer konzentrieren, werden sie weiterhin unvergessliche und bedeutungsvolle Erlebnisse schaffen, die unsere tägliche Interaktion mit Technologie prägen.

Nachhaltige Entwicklung und unternehmerische Verantwortung

1. **Einführung :**

o   Nachhaltigkeit und unternehmerische Verantwortung sind zu wesentlichen Bestandteilen moderner Unternehmensstrategien geworden. In diesem Abschnitt wird untersucht, wie Unternehmen nachhaltige Praktiken in ihre Geschäftstätigkeit integrieren und welche Auswirkungen sie auf Gesellschaft und Umwelt haben.

2. **Integration nachhaltiger Entwicklung**

in kommerzielle Abläufe:

o   Unternehmen wenden in ihren Betrieben nachhaltige Praktiken an, etwa die Nutzung erneuerbarer Ressourcen, die Reduzierung von Abfall und die Verbesserung der Energieeffizienz. Diese Praktiken sind nicht nur umweltfreundlich, sondern können auch zu langfristigen Kosteneinsparungen führen.

3. **Soziale Unternehmensverantwortung (CSR):**

o   CSR wird zu einem entscheidenden Aspekt der Unternehmensreputation. Initiativen wie die Unterstützung lokaler Gemeinschaften, Gesundheitsprogramme für Mitarbeiter und Spenden für soziale Zwecke stärken die Position des Unternehmens als verantwortungsbewusster Akteur in der Gesellschaft.

4. **Transparenz und Nachhaltigkeitsberichterstattung:**

o   Transparenz in Nachhaltigkeitspraktiken wird von Verbrauchern und Interessengruppen zunehmend gefordert. Unternehmen veröffentlichen detaillierte Nachhaltigkeitsberichte, um ihr Engagement für verantwortungsvolles Wirtschaften zu zeigen.

5. Kreislaufwirtschaft und nachhaltige Geschäftsmodelle:

o   Die Kreislaufwirtschaft, die darauf abzielt, Abfall zu minimieren und die Nutzung von Ressourcen zu maximieren, erfreut sich wachsender Beliebtheit. Unternehmen führen nachhaltige Geschäftsmodelle ein, die die Wiederverwendung, das Recycling und die Regenerierung von Produkten und Materialien umfassen.

6. Nachhaltige Innovation:

o   Innovationen bei nachhaltigen Produkten und Dienstleistungen sind ein wachsender Bereich. Unternehmen investieren in Forschung und Entwicklung, um Lösungen zu schaffen, die Umweltprobleme angehen und gleichzeitig die Bedürfnisse der Verbraucher erfüllen.

7. Stakeholder-Engagement:

o   Unternehmen beziehen Stakeholder, darunter Kunden, Mitarbeiter, Lieferanten und lokale Gemeinschaften, aktiv in ihre Nachhaltigkeitsinitiativen ein. Dieser kollaborative Ansatz stärkt die Verantwortlichkeit und Wirkung von Nachhaltigkeitsbemühungen.

8. Auswirkungen auf die Lieferkette:

o   Nachhaltigkeit in der

Lieferkette ist unerlässlich. Unternehmen arbeiten mit ihren Lieferanten zusammen, um ethische und nachhaltige Praktiken von der Produktion bis zum Vertrieb sicherzustellen.

9. **Herausforderungen und Möglichkeiten:**

o   Obwohl die Integration von Nachhaltigkeit Herausforderungen mit sich bringt, wie z. B. höhere Vorlaufkosten und die Notwendigkeit, etablierte Prozesse zu ändern, bietet sie auch erhebliche Chancen im Hinblick auf Innovation, Marktdifferenzierung und Einhaltung gesetzlicher Vorschriften.

10. **Abschluss:**

o   Nachhaltigkeit und unternehmerische Verantwortung werden weiterhin zentrale Faktoren für den Geschäftserfolg sein. Durch die Einführung nachhaltiger Praktiken können Unternehmen nicht nur einen positiven Beitrag zur Gesellschaft und Umwelt leisten, sondern auch ihre Position und Wettbewerbsfähigkeit auf dem Markt stärken.

Entwicklung des Influencer-Marketings

1. **Einführung:**

o   Influencer-Marketing, bei

dem man mit einflussreichen Personen zusammenarbeitet, um Produkte oder Dienstleistungen zu bewerben, verzeichnet ein rasantes Wachstum. In diesem Abschnitt werden die vergangene Entwicklung und zukünftige Trends des Influencer-Marketings untersucht.

2. **Diversifizierung der Plattformen:**

o Während Plattformen wie Instagram und YouTube weiterhin beliebt für Influencer-Marketing sind, gewinnen andere aufstrebende Plattformen wie TikTok und Twitch zunehmend an Bedeutung. Marken möchten diese neuen Kanäle nutzen, um vielfältige Zielgruppen zu erreichen.

3. **Zunahme an Mikro-Influencern:**

o Mikro-Influencer mit ihrem kleineren, aber sehr engagierten Publikum erfreuen sich bei Marken immer größerer Beliebtheit. Ihre Authentizität und Nähe zu ihrem Publikum sorgen oft für ein besseres Engagement und einen höheren ROI.

4. **Leistungsmessung und ROI:**

o Der Fokus liegt auf der genauen Messung von Leistung und Return on Investment im Influencer-Marketing. Marken nutzen fortschrittliche Tools und Technologien, um das Engagement, die Reichweite und die Wirkung von Influencer-Kampagnen zu verfolgen.

5. Qualitäts- und Authentizitätsinhalte:

o   Authentizität bleibt ein Schlüsselelement für den Erfolg im Influencer-Marketing. Verbraucher suchen eher nach authentischen, hochwertigen Inhalten als nach offensichtlichen Werbebotschaften. Influencer werden daher ermutigt, Inhalte zu erstellen, die ihre eigene Stimme und ihren eigenen Stil wirklich widerspiegeln.

6. Langzeitbeziehungen:

o   Marken tendieren zu langfristigen Partnerschaften mit Influencern statt zu einmaligen Kooperationen. Diese dauerhaften Beziehungen tragen dazu bei, die Markenkonsistenz zu stärken und die Loyalität des Publikums zu erhöhen.

7. Integration von Augmented Reality:

o   Der Einsatz von Augmented Reality im Influencer-Marketing nimmt zu und bietet immersive und interaktive Erlebnisse. Influencer können AR nutzen, um Produkte ansprechender zu präsentieren.

8. Ethik und Transparenz:

o   Fragen der Ethik und Transparenz werden entscheidend. Von Influencern und Marken wird zunehmend verlangt, bezahlte Partnerschaften klar offenzulegen und sich an

Werberichtlinien zu halten.

9. **Virtuelle und KI-Influencer:**

o   Das   Aufkommen virtueller Influencer, die durch künstliche Intelligenz geschaffen werden, stellt eine neue Grenze im Influencer-Marketing dar. Diese digitalen Personas können eine einzigartige Markenkontrolle und ständige Verfügbarkeit bieten.

10. **Abschluss:**

o   Die Zukunft des Influencer-Marketings wird durch eine stärkere Diversifizierung der Plattformen, einen Fokus auf Authentizität und Qualität der Inhalte sowie den Einsatz fortschrittlicher Technologien zur Messung und Einbindung gekennzeichnet sein. Marken, die sich an diese Entwicklungen anpassen, werden weiterhin von der starken Wirkung des Influencer-Marketings profitieren.

Aufkommende Technologien

1. **Einführung:**

o   Neue Technologien gestalten aktiv die Zukunft verschiedener Sektoren und bieten neue Chancen und Herausforderungen. In diesem Abschnitt werden wichtige neue Technologien und ihre potenziellen Auswirkungen auf

Unternehmen, Gesellschaft und Umwelt untersucht.

2. **Künstliche Intelligenz und maschinelles Lernen:**

o KI und maschinelles Lernen schreiten weiter voran und bieten Möglichkeiten für erweiterte Datenanalyse, Prozessautomatisierung und Servicepersonalisierung. Diese Technologien verändern Branchen wie das Gesundheitswesen, das Finanzwesen, das Marketing und die Fertigung.

3. **Blockchain und Kryptowährungen:**

o Blockchain bietet über Kryptowährungen hinaus vielversprechende Anwendungen hinsichtlich Datensicherheit, Transaktionstransparenz und Dezentralisierung. Es hat das Potenzial, Bereiche wie Lieferkette, elektronische Abstimmung und Urheberrechtsverwaltung zu revolutionieren.

4. **Internet der Dinge (IoT):**

o IoT verbindet alltägliche Geräte mit dem Internet und ermöglicht so die Erfassung und den Austausch von Daten. Diese verbesserte Konnektivität eröffnet Möglichkeiten für das Smart-Home- und Stadtmanagement, die Präzisionslandwirtschaft und die vorausschauende Wartung in der Industrie.

5. **Augmented Reality und Virtual Reality:**

o   AR und VR bieten immersive Erlebnisse und verändern die Art und Weise, wie Verbraucher mit Produkten und Marken interagieren. Sie finden Anwendung in den Bereichen Bildung, Unterhaltung, Einzelhandel und Immobilien.

6. **Autonome Fahrzeuge und Drohnen:**

o   Fortschritte bei autonomen Fahrzeugen und Drohnen versprechen, Transport und Logistik zu verändern. Diese Technologien könnten Verkehrsunfälle reduzieren, die Warenlieferung optimieren und den Personentransport revolutionieren.

7. **3D-Druck und additive Fertigung:**

o   Der 3D-Druck entwickelt sich ständig weiter und ermöglicht eine schnelle, maßgeschneiderte Produktion von Teilen und Produkten. Es hat erhebliche Auswirkungen auf Bereiche wie Fertigung, Medizin (Prothetik, Implantate) und Bauwesen.

8. **Erneuerbare Energien und grüne Technologien:**

o   Innovationen im Bereich erneuerbarer Energien und grüner Technologien sind für die

Bewältigung der Herausforderungen des Klimawandels von entscheidender Bedeutung. Dazu gehört die Entwicklung neuer Energiequellen, nachhaltiger Materialien und umweltbewusster Produktionspraktiken.

9. **Biotechnologie und personalisierte Medizin:**

o Fortschritte in der Biotechnologie und der personalisierten Medizin bieten vielversprechende Perspektiven für die Behandlung komplexer Krankheiten und die Personalisierung der Gesundheitsversorgung auf der Grundlage individueller Genetik.

10. **Cybersicherheit und Datenschutz:**

o Mit der Zunahme der Konnektivität und der generierten Daten wird Cybersicherheit zu einem wichtigen Thema. Neue Technologien in diesem Bereich zielen darauf ab, sensible Informationen zu schützen und Cyberangriffe zu verhindern.

11. **Abschluss:**

o Neue Technologien bieten ein enormes Potenzial, Industrien zu verändern und die Lebensqualität zu verbessern. Allerdings werfen sie auch ethische, regulatorische und sicherheitsrelevante Fragen auf, die angegangen werden müssen. Unternehmen und Konzerne, die diese Technologien verantwortungsvoll und innovativ adaptieren und integrieren, sind besser für die Zukunft gerüstet.

Prognosen zum Verbraucherverhalten

1. **Einführung :**
   o   Das Verstehen und Antizipieren des Verbraucherverhaltens ist für Unternehmen, die wettbewerbsfähig bleiben wollen, von entscheidender Bedeutung. In diesem Abschnitt werden Vorhersagen über die Entwicklung des Verbraucherverhaltens untersucht, das durch technologische, soziale und wirtschaftliche Veränderungen beeinflusst wird.

2. **Steigerung des ökologischen Bewusstseins:**
   o   Verbraucher werden sich zunehmend der Umweltproblematik bewusst. Es wird mit einer wachsenden Nachfrage nach nachhaltigen, ethischen und umweltfreundlichen Produkten gerechnet. Um diesen Erwartungen gerecht zu werden, müssen Unternehmen daher nachhaltige Praktiken in ihre Angebote integrieren.

3. **Präferenz für personalisierte Erlebnisse:**
   o   Personalisierung wird zum

Schlüsselfaktor bei Kaufentscheidungen. Verbraucher erwarten maßgeschneiderte Erlebnisse, sei es im E-Commerce, im Marketing oder im Kundenservice. Unternehmen müssen Daten und KI nutzen, um personalisierte Erlebnisse bereitzustellen.

4. **Verstärkter Einsatz digitaler Technologien:**

o   Mit zunehmender Digitalisierung werden Verbraucher weiterhin neue Technologien übernehmen und sich an sie anpassen. Dazu gehört die verstärkte Nutzung von E-Commerce-Plattformen, mobilen Anwendungen und Sprachassistenten für Einkäufe.

5. **Suche nach Authentizität und Transparenz:**

o   Verbraucher legen bei Marken Wert auf Authentizität und Transparenz. Sie informieren sich zunehmend über Produkte und Unternehmen, bevor sie Kaufentscheidungen treffen, und bevorzugen Marken, die ehrlich und offen sind.

6. **Sensibilität für soziale Themen:**

o   Soziale Themen wie Gleichheit, Vielfalt und Inklusion beeinflussen zunehmend die Entscheidungen der Verbraucher. Unternehmen müssen ihr Engagement für diese Themen unter Beweis stellen, um eine starke Verbindung zu ihrem Publikum aufrechtzuerhalten.

7. Präferenz für Online-Shopping:

o   Der durch die COVID-19-Pandemie beschleunigte Trend zum Online-Shopping wird voraussichtlich anhalten. Verbraucher schätzen den Komfort, die Vielfalt und oft die besten Online-Preise.

8. Anfrage für schnelle und effiziente Dienstleistungen:

o   Verbraucher erwarten schnelle und effiziente Dienstleistungen. Eine schnelle Lieferung, einfache Retouren und ein reaktionsschneller Kundenservice werden Schlüsselfaktoren für die Gewinnung und Bindung von Kunden sein.

9. Entwicklung der Zahlungsmethoden:

o   Die Zahlungsmethoden werden sich weiterentwickeln, wobei kontaktloses Bezahlen, digitale Geldbörsen und vielleicht auch Kryptowährungen zunehmend zum Einsatz kommen und mehr Komfort und Sicherheit bieten.

10. Abschluss:

o   Unternehmen müssen auf diese Veränderungen im Verbraucherverhalten achten und ihre Strategien entsprechend anpassen. Das Verstehen und Erfüllen der sich verändernden

Verbrauchererwartungen wird von entscheidender Bedeutung sein, um relevante und ansprechende Erlebnisse zu bieten und einen Wettbewerbsvorteil in einem sich ständig verändernden Markt zu wahren.

Häufig gestellte Fragen zum digitalen Marketing

1. **Was ist digitales Marketing?**

o   Antwort: Digitales Marketing umfasst alle Marketingaktivitäten, die digitale Kanäle nutzen, um Produkte oder Dienstleistungen zu bewerben. Dazu gehören SEO, Content-Marketing, soziale Medien, E-Mail-Marketing, Online-Werbung und mehr.

2. **Wie kann SEO meinem Unternehmen zugute kommen?**

o   Antwort: SEO (Suchmaschinenoptimierung) trägt dazu bei, die Sichtbarkeit Ihrer Website in Suchmaschinen zu verbessern. Dies kann zu mehr organischem Traffic, größerer Glaubwürdigkeit der Marke und letztendlich zu höheren Umsätzen und Conversions führen.

3. **Wie wichtig sind soziale Medien im digitalen Marketing?**

o   Antwort: Mithilfe sozialer Medien können Unternehmen ein großes Publikum erreichen und einbeziehen. Sie bieten einzigartige Möglichkeiten für den Markenaufbau, gezielte Werbung, Kundenbindung und die Einholung von direktem Verbraucherfeedback.

4. **Was ist der Unterschied zwischen Inbound- und Outbound-Marketing?**

o   Antwort: Inbound-Marketing konzentriert sich auf die Erstellung hochwertiger Inhalte, um Kunden für Ihr Unternehmen zu gewinnen, während Outbound-Marketing direktere Ansätze wie Werbung und Kaltakquise beinhaltet, um Verkäufe zu erzielen.

5. **Wie misst man die Wirksamkeit einer digitalen Marketingkampagne?**

o   Antwort: Die Wirksamkeit kann anhand verschiedener Kennzahlen gemessen werden, wie z. B. Website-Traffic, Conversion-Rate, Social-Media-Engagement, ROI (Return on Investment) und anderen KPIs (Key Performance Indicators).

6. **Was ist Content-Marketing?**

o   Antwort: Beim Content-Marketing geht es darum, informative und relevante Materialien (wie Blogs, Videos, Infografiken) zu erstellen und zu teilen, um eine Zielgruppe anzulocken und zu binden und letztendlich Kundenaktionen voranzutreiben.

7. **Welche Vorteile bietet bezahlte Online-Werbung?**

○ Antwort: Bezahlte Online-Werbung wie Pay-Per-Click-Anzeigen (PPC) bietet sofortige Sichtbarkeit, präzise Zielgruppenansprache und die Möglichkeit, die Wirksamkeit Ihrer Anzeigen direkt zu messen.

8. **Wie hat sich das digitale Marketing mit der mobilen Technologie entwickelt?**

○ Antwort: Mit der zunehmenden Smartphone-Nutzung ist mobiles Marketing immer wichtiger geworden. Dazu gehören Website-Optimierung für Mobilgeräte, mobile Apps, SMS-Marketing und mobilfreundliche Content-Strategien.

9. **Was ist Marketingautomatisierung und wie kann sie meinem Unternehmen helfen?**

○ Antwort: Bei der Marketingautomatisierung wird Software verwendet, um sich wiederholende Marketingaufgaben zu automatisieren. Dies kann die Effizienz verbessern, menschliche Fehler reduzieren und personalisierte Kommunikation in großem Maßstab ermöglichen.

10. **Wie lässt sich nachhaltige Entwicklung in digitales Marketing integrieren?**

o   Antwort: Zur Integration von Nachhaltigkeit gehört die Förderung ethischer und umweltfreundlicher Praktiken in Ihren Marketingstrategien, die Kommunikation Ihrer Nachhaltigkeitsbemühungen und die Einführung von Geschäftspraktiken, die soziale und ökologische Verantwortung unterstützen.

DANKE

Beim Schreiben dieses Buches hatte ich das Privileg, auf das Wissen, die Erfahrung und die Unterstützung vieler außergewöhnlicher Menschen zurückzugreifen. Es ist mir wichtig, mir einen Moment Zeit zu nehmen, um allen, die zur Fertigstellung dieser Arbeit beigetragen haben, meinen Dank auszudrücken.

Zunächst möchte ich mich bei meinen Kollegen und Mentoren im Bereich digitales Marketing bedanken. Ihr Fachwissen, Ihre Erkenntnisse und Ihre Ratschläge waren während dieses Projekts eine unschätzbare Inspirationsquelle. Ihre Beiträge zur Welt des digitalen Marketings prägen weiterhin die Branche und Ihr Einfluss spiegelt sich in den Seiten dieses Buches wider.

Besonderer Dank geht an das Redaktionsteam und die Rezensenten für ihre harte Arbeit, ihre Liebe zum Detail und ihr Engagement für die Aufrechterhaltung höchster Qualität. Ihre Professionalität und Ihr Engagement haben dieses Manuskript erheblich verbessert, und ich bin zutiefst dankbar für Ihre Unterstützung während dieses Prozesses.

Ich möchte auch meiner Familie und meinen Freunden für ihre unerschütterliche Unterstützung, Ermutigung und Geduld danken. Ihr Verständnis und Ihre Unterstützung während der vielen Stunden, die ich mit dem Schreiben und Recherchieren verbracht habe, waren eine Säule meiner Motivation und Ausdauer.

Ein besonderer Dank geht an die Community des digitalen Marketings – Praktiker, Akademiker, Studenten und Enthusiasten – für ihre unermüdliche Neugier und ihren Lerndurst. Ihr Engagement für Exzellenz und Innovation inspiriert weiterhin meine Arbeit und mein Denken.

Abschließend möchte ich jedem Leser danken, der sich entschieden hat, sich mit diesem Buch zu befassen. Ihr Interesse am digitalen Marketing und Ihr Wunsch, sich beruflich weiterzuentwickeln, sind der Anlass für dieses Buch. Ich hoffe, dass Sie auf diesen Seiten wertvolle Informationen, inspirierende Ideen und praktische Strategien für die Navigation in der dynamischen Welt des digitalen Marketings finden.

Mit freundlichen Grüße,
Vincent Lefebvre